21世纪中等职业教育系列教材

中职美育

主　审：梁　宏

主　编：张　瞻　梁亮亮

副主编：吴晓明　李　娴

参　编：梁晶晶　王　量　雷　娅　王一迤　罗世成
童昌晶　刘　丹　骆　杨　杨小鹤

西南大学出版社
SWUPC　国家一级出版社　全国百佳图书出版单位

图书在版编目（CIP）数据

中职美育 / 张瞻，梁亮亮主编. —重庆 ：西南师范大学出版社，2020.9（2025.7重印）

ISBN 978-7-5697-0409-9

Ⅰ. ①中… Ⅱ. ①张… ②梁… Ⅲ. ①美育－中等专业学校－教材 Ⅳ. ①G40-014

中国版本图书馆CIP数据核字(2020)第154876号

中职美育

ZHONGZHI MEIYU

主　编：张　瞻　梁亮亮

责任编辑：曾　文

责任校对：周　杰

装帧设计：起源

排　　版：黄金红

出版发行：西南大学出版社（原西南师范大学出版社）

印　　刷：重庆新生代彩印技术有限公司

幅面尺寸：185 mm × 260 mm

印　　张：10.5

字　　数：206千字

版　　次：2020年9月　第1版

印　　次：2025年7月　第6次印刷

书　　号：ISBN 978-7-5697-0409-9

定　　价：39.80元

前言

美育是审美教育，也是情操教育和心灵教育，不仅能提升人的审美素养，还能潜移默化地影响人的情感、趣味、气质、胸襟，激励人的精神，温润人的心灵。

2015年国务院办公厅下发了《关于全面加强和改进学校美育工作的意见》（以下简称《意见》）。在《意见》中强调要把培育和践行社会主义核心价值观融入学校美育全过程。《意见》更是定下了总体目标：到2020年，初步形成大中小幼美育相互衔接、课堂教学和课外活动相互结合、普及教育与专业教育相互促进、学校美育和社会家庭美育相互联系的具有中国特色的现代化美育体系。

在各地、各有关部门的共同努力下，各类学校的美育教育取得了较大的发展，同时，大力推进美育教育对提高学生审美与人文素养、促进学生全面发展发挥了重要作用。但从总体上看，针对中职学生的美育教育仍是我们的薄弱环节。把培育和践行社会主义核心价值观融入中职学校美育全过程，成为广大中职教育工作者急需解决的难点。为推动美育教育在中职学校教育教学中的进程，组织编写供中职学生学习、阅读的美育教材就成了解决这一难点至关重要的环节。

本教材以审美和人文素养培养为核心，以艺术课程为主体，各学科相互渗透融合，既重视美育基础知识学习，又注重增强课程的综合性，还加强了实践活动环节。

本教材具有如下特点：

第一，编委实践教学经验丰富。作者均是各学科的一线骨干教师，有着丰富的教学经验，并长期致力于美育教育工作。

第二，编写内容涵盖广泛、形式多样。本书内容涵盖绘画、工艺美术、书法、音乐、舞蹈、摄影、电影等众多内容，形式多样，图文并茂，具有很强的实用性。

衷心感谢西南大学出版社为书稿编审、出版倾注心血，感谢中国国家博物馆、北京故宫博物院等单位的图片提供，以及部分网站、原作者的文本和图片支持。希望本教材能帮助学生树立正确的审美观念、陶冶高尚的道德情操、培育深厚的民族情感、激发想象力和创新意识、拥有开阔的眼光和宽广的胸怀，为培养造就德智体美劳全面发展的社会主义建设者和接班人贡献一分力量。

由于时间仓促，书中难免存在不足之处，恳请广大读者批评指正，以利于我们的改进和提高。

目录

CONTENTS

项目一

认识绘画艺术

【项目介绍】

绘画艺术具有鲜明的形象特征，是对描绘对象的浓缩与精炼、概括与简化。它具有特定的文化性和地域性，其作品是传播信息的载体。

绘画艺术在技术层面上，是一个以表面作为支撑面，再在其上加上颜色的做法，那些表面可以是纸张或布，加颜色的工具可以是画笔，也可以是刷子、海绵或布条等，还可以运用软件进行绘画。

绘画艺术按工具材料和技法的不同，分为中国画、油画、版画、水粉画等主要画种。其中，中国画按技法的不同，可分为工笔画、写意画、设色画、水墨画等；版画根据版材的不同，可分为木版画、铜版画、纸版画、石版画、丝网版画等；油画是用快干性的植物油调和颜料，在画布（亚麻布、纸板或木板）上进行创作的一个画种，作画时使用的稀释剂为挥发性的松节油和干性的亚麻仁油等；其他不做过多阐述。

本项目以任务式教学的方法对绘画艺术进行了系统、全面的介绍，强化了艺术素质培养，并注重挖掘历史人文内涵、精选风格鲜明的经典作品，力求教学内容和教材结构的创新。

【项目目标】

一、知识目标

1.了解各种绘画艺术的概念。

2.了解绘画艺术的分类和经典作品。

3.了解绘画工具。

二、技能目标

1.掌握绘画艺术的工艺方法。

2.能区分绘画的种类，知道不同历史时期的风格演变。

3.能够区分绘画工具。

三、情感目标

1.培养审美能力及艺术欣赏力。

2.热爱生活并注意观察生活中的细节和美。

3.增强民族自豪感。

任务一 认识中国画艺术

中国画可以上溯到原始社会的新石器时代，距今至少有七千余年的历史。最初的中国画，是画在岩壁、地面和陶器上的，渐而发展到画在墙壁、绢和纸上。使用的基本工具材料是毛笔和墨，以及天然矿物质颜料。在无数画家不断探索、创新的努力之下，逐渐形成了鲜明的民族风格和民族气派，并有着自己独立的绘画美学体系。

一、任务描述

中国画并不只是宣纸上的点染勾勒，它是气韵、境界、思想等最终的集成表现。让我们一起来了解中国画的特点、种类以及社会影响吧。

二、任务目标

1.了解中国画的种类、特点。

2.能说出中国画的绘画工具。

三、任务准备

计算机、PPT、网络设备、优秀中国画作品。

四、任务学习

(一)感知与体验

1.中国画的种类

中国画在古代无确定名称，一般称之为“丹青”，主要指的是画在绢、宣纸、帛上并加以装裱的卷轴画。中国画是中国的传统绘画形式，是用毛笔、水墨和颜料，依照长期形成的表现形式及艺术法则而创作出的绘画作品。

中国画按其使用材料和表现方法，可细分为水墨画、重彩画、浅绛画、工笔画、写意画、白描画等；按其题材又有人物画、山水画、花鸟画等。中国画的画幅形式较为多样，横向展开的有长卷（又称“手卷”）、横披，纵向展开的有条幅、中堂，盈尺大小的有册页、斗方，画在扇面上面的有折扇、团扇等。中国画在思想内容和艺术创作上，反映了中华民族的社会意识和审美情趣，集中体现了中国人对自然、社会及与之相关联的政治、哲学、宗教、道德、文艺等方面的认识。

2.中国画工具

中国画需用到的工具与材料主要有：笔、墨、纸、砚、颜料、笔洗、调色碟子、乳钵、垫毡、镇尺、界尺等，这里主要介绍常用的笔、墨、纸、砚四种。

笔：指毛笔。毛笔以其笔锋的长短可分为长锋、中锋和短锋笔，性能各异。

墨：常用制墨原料有油烟、松烟两种，制成的墨称“油烟墨”和“松烟墨”。

纸：中国画在唐宋时期多用绢，到了元代以后才大量使用纸作画。中国画用的纸与其他画种不同，它是以青檀树做主要原料制作的宣纸，宣纸主要产于安徽泾县，古属宣州，故称“宣纸”。

砚：我国最有名的砚是歙砚和端砚。选择砚台应择石料质地细腻，湿润，易于发墨，不吸水的。砚台使用后要及时清洗干净，保持清洁，切忌暴晒、火烤。

（二）欣赏与探究

1.《清明上河图》

《清明上河图》（局部如图1-1-1、图1-1-2、图1-1-3）为北宋风俗画，是北宋画家张择端仅见的存世精品，属国宝级文物，中国十大传世名画之一，被誉为“中华第一神品”。现珍藏于北京故宫博物院。画幅纵24.8厘米、横528厘米。清明上河是当时的民间风俗，像今天的节日集会，人们借以参加商贸活动。全图大致分为汴京（今河

图1-1-1《清明上河图》局部一

南开封）郊外春光、汴河场景、城内街市三部分。

此画用笔兼工带写，设色淡雅，不同一般的界画，即所谓“别成家数”。构图采用鸟瞰式全景法，真实而又集中地概括描绘了当时汴京东南城角这一典型的区域。作者用传统的手卷形式，采取“散点透视法”组织画面，生动记录了中国12世纪北宋都城汴京的城市面貌和当时社会各阶层人民的生活状况，是北宋时期都城汴京繁荣的见证，也是北宋城市经济情况的写照。画面长而不冗，繁而不乱，严密紧凑，如一气呵成。画中所摄取的景物，大至寂静的原野，浩瀚的河流，高耸的城郭；小到舟车里的人物，摊贩上的陈设货物，市招上的文字，丝毫不失。画面中穿插着各种情节，组织得错落有致，同时又具有情趣。如此丰富多彩的内容，为历代古画所罕见。各色人物不仅衣着不同，神情气质也各异而且穿插安排着各种活动，其间充满着戏剧性的情节冲突，令观者看罢饶有无穷回味。

图1-1-2《清明上河图》局部二

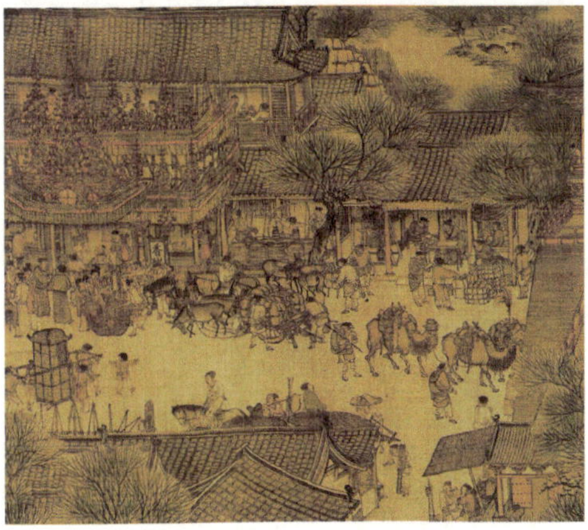

图1-1-3《清明上河图》局部三

2.《千里江山图》卷

《千里江山图》卷（局部如图1-1-4、图1-1-5、图1-1-6）是北宋王希孟作，绢本，设色，现收藏于北京故宫博物院。

该作品构图上充分利用传统的长卷形式所具有的散点透视的特点，细致入微地描绘了祖国的锦绣河山。

从《千里江山图》卷的青绿山水的呈

图1-1-4《千里江山图》卷局部一

图1-1-5《千里江山图》卷局部二

图1-1-6《千里江山图》卷局部三

现，能窥得宋代皇室对长寿的追求。道教所崇尚的养生观念和修仙长生契合了皇室的需求。在青绿山水中，运用石青、石绿等现实中看不到的色彩对实际的山水进行加工，一定程度上展现了人们想象中的珍藏着长寿秘密的海外仙山。

《千里江山图》卷在设色和用笔上继承了传统的“青绿法”，即以石青、石绿等矿物质为主要颜料，敷色夸张，具有一定的装饰性，被称为“青绿山水”。此种表现方法是我国山水画技法中发展较早的一种，在隋唐时期如展子虔、李思训、李昭道等许多画家均擅长青绿山水画。纵观宋代画坛，虽然也有一些画家用此法创作，但从目前存世作品看，尚无一件可以超越《千里江山图》卷。王希孟在继承前法的基础上，表现出更趋细腻的画风，体现了北宋院画工整严谨的时代风格。此图用笔精当，一点一画均无败笔。人物虽细小如豆，却动态鲜明。微波水纹均一笔笔画出，渔舟游船荡曳其间，使画面平添动感。综观全幅，又不失雄阔的境界和恢宏的气势，远观近睹均令人折服。在用色上，画家于单调的蓝绿色中求变化，虽然以青绿为主色调，但在施色时注重手法的变化，色彩或浑厚，或轻盈，间以赭色为衬，使画面层次分明，色如宝石，光彩夺目。元代著名书法家溥光对此卷推崇备至，在卷后题跋中赞道："在古今丹青小景中，自可独步千载，殆众星之孤月耳。"此论可谓公允之见。

从此卷所描绘的景物看，系以南方清丽秀润的山水为主体，在部分山峦的表现上加进了一些北方山水的特征，可谓集南北山水于一体的精心之作。从画面表现的建筑形式以及江南水乡的生活场景、生产劳作使用的工具等方面看，画家对江南地区有着较为深刻的了解，其艺术创作当来源于生活，而王希孟于18岁时即创作出如此宏幅巨制，不可能没有深厚的生活积累，由此马季戈先生推测，画家王希孟应是江南人，至于具体籍贯便无从知晓了。

3.《五牛图》

《五牛图》（局部如图1-1-7、图1-1-8、图1-1-9）是唐朝韩滉创作的，该作品现藏于北京故宫博物院。《五牛图》是目前所见最早作于纸上的绘画作品，其纸质为麻料，具有唐代纸张的特点。

图1-1-7《五牛图》局部一

此作品纵20.8厘米，横139.8厘米。图画五牛，形象不一，姿态各异，或行或立，或俯首，或昂头，动态十足。其中一牛完全画成正面，视角独特，显示出作者高超的造型能力。作者以简洁的线条勾勒出牛的骨骼转

图1-1-8《五牛图》局部二

图1-1-9 《五牛图》局部三

折，筋肉缠裹，笔法老练流畅，线条富有力度和精确的艺术表现力。牛头部与口鼻处的根根细毛，更是笔笔入微。每头牛皆目光炯炯，作者通过对眼神的着力刻画，将牛既温顺又倔强的性格表现得极为传神。作品完全以牛为表现对象，无背景衬托，造型准确生动，设色清淡古朴，浓淡渲染有别，画面层次丰富，达到了形神兼备之境界。以牛入画是中国古代绘画的传统题材之一，体现了农业古国以农为本的主导思想。韩滉任职宰相期间，注重农业发展，此图可能含有鼓励农耕的意义。《五牛图》是其作品的传世孤本，也是为数寥寥的几件唐代纸绢绘画真迹之一，因此不论其艺术成就还是历史价值都备受世人关注。

从画法看，韩滉画牛以线勾取，墨色为辅。其线型总的风格是重拙粗犷，简劲自然，但细看，他画牛的线条富于变化，干、湿、浓、淡、枯、润、疏、密、刚、柔、粗、细、长、短，都恰到好处。更重要的是，线条随牛的骨骼肌理的构造不同而变化，如牛项下皮肉松垂，则用起伏蜿蜒柔韧的线条；背胯骨力刚劲，则用劲拔顿挫涩滞的线条；外形雄壮，用长线勾勒；肋骨健劲，用短线扫出。用笔又有疏密之分，密笔细腻，从牛的脖颈间弯弯曲曲的线条中传达出勤劳吃苦的精神，仿佛饱经风霜的烙印。疏笔断续，表现块面起伏，给人坚实的感受。设色简淡自然，笔墨互补，兼具骨力气韵之美。魏晋以来，形成了以线为主的绘画传统。唐代的阎立本、吴道子等人在前人基础上进一步丰富和提高了线的表现力，又有许多创新。韩滉于书画，也非常重视骨法用笔，他曾说："不能定笔，不可论书画。"在人物画上，他的战笔（也称颤笔）、曲线也极有特色，同时他在书法上师承张旭。由此可见，《五牛图》那圆熟独到的线条并非偶然。韩滉画走兽所用笔法不同于其人物画，也不同于他人。他创造出用以表现走兽粗健雄壮骨肉的线型，与人物画的线型相比较，更显得灵活自然有力，也更质朴雄浑。这就打破了仅在人物画中记线的局限，而将线条艺术扩大到其他题材领域，从而丰富并发展了线的艺术。

在艺术上，《五牛图》还有一个显著特点就是追求写实。写实表现在画家善于体物，刻画更是准确入微。同是牛，五头神态、毛色、形体、性情各异，可见其写实的功力。有人甚至认为这是一幅写生稿。说到写实，并不仅仅指构图准确逼真。真正的写实，是“形”与“神”二者完美有机的统一。徒具“形似”，最多不过类似标本而已，有“神”之“形似”，却是富于美感的生命，这生命是鲜活的、永恒的。《五牛图》体物工谨，朱景玄说：“(滉)画体生成之踪。”(《唐朝名画录》)张彦远说韩滉的画“颇得形似”(《历代名画记》)。《图绘宝鉴》称“其画人物牛马极工”。《宣和画谱》也称“其画人物牛马尤工，昔人以谓牛马目前近习，状最难似，滉落笔绝人”。韩滉画牛不只满足于外形的“工似”，他更注重“以形写神”。历代画论家一再称他画牛“曲尽其妙”(朱景玄语)，“神气磊落”(赵孟頫语)。《五牛图》似静非静，似动非动，静中寓动，动静之间，似乎移蹄摇尾，转瞬即去。如果细看，那笔外神趣皆自写实的准确细腻处传达出来，五牛或惬意，或欢愉，或凝神，或抒情，或矜持，表情不一。牛的眼睛刻画得极好，似从画中远远瞩人，这同样是“传神写照，正在阿堵”，从而使画中的牛与人似有交流、似有会心，给人有跃出画面的感受。白居易在《记画》中说：“画无常工，以似为工。学无常师，以真为师。故其措一意，状一物，往往运思，中与神会。仿佛焉若驱和役灵于其间焉。”这里所说的“似”是物的形神融合而为一的似。画家在状物运思的过程中，要能领悟传达外物之神。画所贵者，“形真而圆，神和而全”。韩滉的写实原则与写实画风，正与白氏所论相冥合。

五、任务评价

请在符合自己实际情况的框格内打“√”，数字越大代表符合程度越高，见表1-1-1。

表1-1-1 任务评价表

评价维度	评价内容	自评等级				
		1	2	3	4	5
学习主动性	能根据需要主动地开展中国画知识的学习					
理解能力	能完全理解书本上的知识点，并能简要概括					
拓展能力	能收集和整理相关信息，不断拓展专业知识面					
团队协作能力	能主动进行团队分工协作，有较好的组织协调能力					

任务二 认识油画艺术

油画是用快干性的植物油（亚麻仁油、核桃油等）调和颜料，在画布（亚麻布、纸板或木板）上进行创作的一个画种。作画时使用的稀释剂为挥发性的松节油和干性的亚麻仁油等。画面所附着的颜料有较强的硬度，当画面干燥后，能长期保持光泽。

油画的前身是15世纪以前欧洲绘画中的蛋彩画，后经画家凡·艾克兄弟对绘画材料等加以改良后发扬光大。之后，油画逐渐成为西方绘画史中的主体绘画方式，存世的西方绘画作品主要是油画作品。

一、任务描述

油画凭借颜料的遮盖力和透明性能较充分地表现描绘对象，作品色彩丰富，立体质感强。让我们一起来了解油画的绘画特点、种类以及社会影响吧。

二、任务目标

1.了解油画的种类、特点。

2.能描述油画的绘画工具。

三、任务准备

计算机、PPT、网络设备、优秀油画作品。

四、任务学习

（一）感知与体验

1.油画的种类

油画的种类要看是从哪些角度来划分，油画大体上按照题材来分可以分成风景油画、静物油画和人物油画等。其中，风景油画又有现实主义、印象主义、古典主义等类别。总之油画的分类是千差万别的，大家可以按照自己的喜好有选择地学习不同的油画。

2.油画工具

油画工具多种多样，常见的有画架、画笔、画刀、调色板、油壶和洗笔桶等。

画架：根据作画者需要来选择，室内画架可以使画幅上下前后移动；折叠式画架可用于野外写生。

画笔：有不同的笔形和大小型号，分动物毛和人造毛两类，用于调色和画面着色。

画刀：有多种造型，主要用来调色、作画、刮色、清理画板等。

调色板：有长方形和椭圆形两种，用于调色及摆置颜料。

油壶：用来装调色油、松节油等调和剂。底部装有弹簧片的小油壶可夹在调色板上。

洗笔桶：用于洗刷或搁置带颜色的画笔。

（二）欣赏与探究

1.《蒙娜丽莎》

《蒙娜丽莎》（图1-2-1）是意大利文艺复兴时期画家列奥纳多·达·芬奇创作的油画，现收藏于法国卢浮宫（也称“罗浮宫”）博物馆。该画作主要表现了女性的典雅和恬静美，塑造了资本主义上升时期一位城市资产阶级的妇女形象。《蒙娜丽莎》折射出来的女性的深邃与高尚的思想品质，反映了文艺复兴时期人们对于女性美的审美理念和审美追求。

《蒙娜丽莎》原作的尺寸：纵77厘米，横53厘米。 在《蒙娜丽莎》之前的绘画作品中，没有一幅作品将整个人物的半身如此充分地展现于画面中。《蒙娜丽莎》以纯粹自然的姿势完整地表现了胳膊和双手。看至腰身部位，可以发现蒙娜丽莎坐在一张椅子上，左胳膊搭在扶手上，在她的身后我们可以看到一道栏杆，以及分列于画面两侧的两根小圆柱的一部分，这些细节说明蒙娜丽莎坐在凉廊（意大利建筑中的一种带檐露台）下。人物呈四分之三角度侧坐、以风景为背景、以建筑部件为框、双手在近景处交叉，这种布局方式在15世纪下半叶的佛兰德绘画中就已经出现了，但《蒙娜丽莎》将这种技艺发挥到了无

图1-2-1《蒙娜丽莎》

与伦比的完美境界。这也是这幅传世之作对16世纪初的意大利肖像画产生了直接影响的原因。

蒙娜丽莎的微笑是对“乔孔达”（gioconda）一词中所含幸福之意的注解，这个词在意大利语中即意为“幸福的”。这也是达·芬奇这幅肖像画的主旨。蒙娜丽莎微笑的脸庞从由两部分交叠而成的背景中脱颖而出：在暖色调构成的下面部分可以看到人类生活的痕迹，比如蜿蜒的道路和小桥；上面部分虚构的景物则是一派岩石丛生、沼泽遍地的原始自然景观。这些成就了这幅肖像作品所展现的理想之美。

2.《向日葵》

《向日葵》是1888年8月—1889年1月期间荷兰画家凡·高所绘制的以插在瓶中的向日葵为主要内容的一系列油画作品的合称。该系列作品分别绘制了插在花瓶中的3朵、5朵、12朵及15朵向日葵等。

图1-2-2《花瓶里的十二朵向日葵》

如果用凡·高所创作的“以插在花瓶中的向日葵为主题的油彩画”来定义的话，那么广泛认为一共有7幅作品，其中有6幅被保存下来。在保存下来的6幅向日葵作品中，有三幅绘有15朵向日葵，两幅绘有12朵向日葵，一幅绘有3朵向日葵。除此之外，如果算上他在巴黎创作的同类作品，一共有11幅（或12幅），这其中包括没有插在花盆中的向日葵作品。

凡·高通过该系列作品向世人表达了他对生命的理解，并且展示出了他个人独特的精神世界。该系列作品还传递着这么一个信息：怀着感激之心对待家人，怀着善良之心对待他人，怀着坦诚之心对待朋友，怀着赤诚之心对待工作，怀着感恩之心对待生活，怀着一颗欣赏之心享受艺术。

美国费城艺术博物馆收藏的《花瓶里的十二朵向日葵》（图1-2-2）是7幅《向日葵》作品之一。

绚丽明亮的铬黄色把整个画面烘托得满怀激情，花蕊在相叠的点彩下，呈现出不同的色泽，花瓣在交叉条纹的烘托下，显得突出而浑厚，背景与花瓶在富有节奏和韵律的笔法下，制造出了仿似肌理的粗糙美。12朵向日葵在凡·高豪放又多变的艺术笔法下，像一团团熊熊燃烧、旋转不停的火球，充满了无穷的生命力，在一个多世纪之后依旧栩栩如生地呈现于游客眼前。可以说凡·高用他的画笔赋予了这些向日葵新的生命。

3.《无名女郎》

图1-2-3《无名女郎》

《无名女郎》（图1-2-3）是俄国画家伊万·尼古拉耶维奇·克拉姆斯柯依于1883年创作的一幅现实主义肖像画，是画布油画，现收藏于莫斯科的特列恰科夫美术博物馆。在这幅画中，克拉姆斯柯依以现实主义思想，古典的造型手法，借助人物的姿态、动作、装束和神情，展示出了一个刚毅、果断、满怀思绪、散发着青春活力的俄国知识女性形象。

画面以冬天的城市景色为背景，明亮的天空衬托出无名女郎庄重的身影，她身体轻轻地靠着椅背，头微微侧转，两只手插在毛皮制的手笼（手套）里，左手露出手镯，目光看向画外。她身着毛皮镶边的天鹅绒外套，头戴白色鸵鸟毛制成的帽子，脖子上系有蓝紫色的领结。

这幅作品的动人之处在于画家对该人物内心世界的成功挖掘。这个女子斜睨的眼睛里带有着极丰富的意味，表现出了她与这个世道格格不入，其冷眼审视，不屑一顾，流露出不愿与之合流的神情。这是一位人格独立的女性，她不再是生活的点缀品，而是一位可以独立思考，对生活有着自己独立见解的新女性，其内在的精神气质使她从众多的脸谱化的人物中脱颖而出成为人文精神的一个写照。这隐含着当时一部分民主主义知识分子对社会的态度，也体现了画家的美学观。

4.《睡莲》

图1-2-4《睡莲》

莫奈是印象主义大师中最具影响力的一位。莫奈常常可以从普通的风景中挖掘出其独有的魅力。他观察景物细致入微，对光线的变化十分敏锐。他可以就同一处场景画出十几幅作品，如《草垛》《睡莲》等。而这仅仅是为了表现同一场景的不同天气、光线下的不同表象，这是其他画家很难做到的。莫奈晚年最重要的作品是《睡莲》（图1-2-4）。这是一部史诗级作品，是他一生中最辉煌灿烂的“第九交响乐”。

《睡莲》可以说是莫奈的集大成之作。对莫奈来说，睡莲并不只是长久的灵感源泉，在某种程度上，他的画作是一种日记的替代物。1890年，他在吉维尼买的一个大房子旁修建水上花园后，开始画睡莲，直到他去世，一共创作了251件《睡莲》系列作品。

莫奈的绘画技法和其自身的研习都已经到了登峰造极的地步。在看似随意轻松的笔触中他能将光线的美感，水面上自然漂浮的睡莲的温柔表现得淋漓尽致。他的《睡莲》色彩十分丰富，但是所有的颜色在画面中都分外的柔和和均衡。仅仅是描绘莲花的颜色也是随着光线和环境的变化而不断变化的，这让人虽不能一口断定是什么颜色的睡莲，却又觉得那些娇艳的睡莲就近在眼前。

五、任务评价

请在符合自己实际情况的框格内打“√”，数字越大代表符合程度越高，见表1-2-1。

表1-2-1 任务评价表

评价维度	评价内容	自评等级				
		1	2	3	4	5
学习主动性	能根据需要主动地开展油画知识的学习					
学习理解能力	能完全理解书本上的知识点，并能简要概括					
拓展能力	能收集和整理相关信息，不断拓展专业知识面					
团队协作能力	能主动进行团队分工协作，有较好的组织协调能力					

任务三 认识版画艺术

版画是视觉艺术的一个重要门类。广义的版画可以包括在印刷工业化以前所印制的图形，因为它们普遍具有版画特质。

当代版画主要指的是由艺术家构思创作并且通过制版和印刷程序而产生的艺术作品，具体地说，它是以刀或化学药品等在木、石、麻胶、铜、锌等版面上雕刻或蚀刻后印刷出来的图画。就版画艺术的技术而言，它是一直伴随着印刷术的发明与发展而出现与发展的。古代版画主要是指木刻，也有少数铜版刻和套色漏印。独特的刀味与木味使它在中国文化艺术史上拥有了独立的艺术价值与地位。新兴版画和古代复制版画不仅在制作技术上有很大差异，而且在作为艺术品的功能与现实意义上也有质的区别。

一、任务描述

通过上面的介绍，同学们是不是对版画产生了浓厚的兴趣了呢？下面让我们一起来了解版画的绘画特点、种类以及社会影响吧。

二、任务目标

1.了解版画的种类、特点。

2.能描述版画的创作工具。

三、任务准备

计算机、PPT、网络设备、优秀版画作品。

四、任务学习

（一）感知与体验

1.版画的种类

版画的历史可以追溯到中国的隋唐时期。最初的版画是木版画。到了十六世纪，木版画在德国得以传播。版画的种类较多，大致有以下几种。

按照不同的材质制版可分为：木版画、铜版画、石版画、丝漏版画、纸版画以及其他版画。

按照印刷方式可分为：凹印版画、凸印版画、平印版画、漏印版画。

按照用色可分为：单色版画、套色版画。

按照印刷数多少可分：独幅印刷版画、多幅印刷版画。

按照刻法可分为：阳刻版画、阴刻版画。

按照刻印方式可分为：复数版画、绝版版画。

2.版画的主要工具

刀：在创作版画时使用的刀具大致分为大丸刀、小丸刀、平刀、三角刀、斜口刀等几种。每一种刀都有其特殊的使用方法，进而衍生出了不同的刀法和刀法的组合。随着刀法的丰富变化，用刀者能够从容地变换刀型，从而准确地表现版画对象的形象和质感。

吹塑纸与吹塑板：吹塑纸质地比较脆，较软，易刻画，用笔用力在吹塑纸上划过，其表面即可留下大小宽窄不同的点、线、面。吹塑纸很适合小学低段年级的孩子制作版画，可以创作出大量有趣的版画效果。吹塑板的质地比吹塑纸更加厚实、平整，可以用作粉印版画，但是它无法重复使用，经油辊单色印刷后就无法再使用了，且如果用力过大，非常容易将版刻漏。

版画油辊：也叫“胶辊”，可以将其截成长短不同规格，焊接两边的支架。油辊具有质量好，橡胶抗老化能力强，方便使用，橡胶弹性始终如一，辊的表面有韧性等特点。

油墨：最好购买油墨颗粒细腻的树脂油墨。可以采取往油墨里贮水隔绝空气的方法来贮存保质期短的油墨，在使用时也无须将桶里的水倒出，可以直接用调墨刀将油墨挑出。

（二）欣赏与探究

1.《忧郁》

《忧郁》（图1-3-1）是德国画家、版画家阿尔布雷特·丢勒最著名的版画之一，创作于1514年5月。

《忧郁》的构图元素十分丰富：在一间不知是书斋还是作坊的小木屋外，高大

图1-3-1《忧郁》

健壮的生翼女子手持圆规、托腮苦思，身旁发呆的爱神，打盹儿的狗，散落的工具——天秤、沙漏、锯子、刨子、圆球、多面体、木梯等，屋墙上那幅四阶幻方是数学史上著名的“丢勒幻方”。最下一行中间两格标着“1514”，这是丢勒母亲去世的年份。

铜版画《忧郁》的含义更加复杂一些，画面上有诸多的象征性元素，对其迄今还难以做出确切的说明，不知丢勒所赋予的所有物件的含义，与中世纪的科学与当时的炼金术的表征有什么联系。画上有一硕大的多面体、圆球、天平、钟、刨子、缺口的剑、沙漏计时器、入睡的狗、板上的数字，以及用石笔在书写的那个神话人物丘比特等，所有这一切的寓意何在？这在所有关于丢勒的研究材料中均无明确的答复。

2.《鲁迅先生》

赵延年，1924年生于浙江湖州。1938年进上海美专学习木刻。1941年参加“中华全国木刻界抗敌协会”。1991年获中国美术家协会、中国版画家协会联合颁发的“中国新兴版画杰出贡献奖”。赵延年作为老一辈版画家经历了抗日战争、解放战争及改革开放。由于版画的特殊性，使得作者的创作与其生活及时代性紧密相连。

图1-3-2《鲁迅先生》

赵延年将毕生的精力投入到了黑白木刻创作中。《鲁迅先生》（图1-3-2）被称作一件“捏刀向木”“放刀直干”的充满“力之美”的艺术珍品。它的创作全过程融入了艺术家的感情与感受，而且表现出了“现代社会的魂魄”。从赵延年早期创作的《负木者》《抢米》等作品中不难看出他对百姓以及祖国命运的同情与关注。

《鲁迅先生》是赵延年20世纪60年代的代表作，作品中，鲁迅先生“横眉冷对千夫指，俯首甘为孺子牛”的精神品质跃然纸上。白色的长衫、黑色的围巾与黑色的背景，反衬出鲁迅的冷峻。画面左侧用疏密有致的斜刀刻出利剑般的刀痕，而右侧则先将鲁迅先生的头部轮廓刻出，然后再用斜刀提亮背景，线条粗粗细细、长长短短，使画面在深沉的气氛中，呈现出了鲁迅先生思想的激荡与心潮的起伏。

3.《相对性》

埃舍尔(M.C.Escher, 1898—1972)是荷兰科学思维版画大师，在20世纪画坛中，其独树一帜的画法使他的画给人们留下了深刻的印象。他的成就是很多画家无法比拟的。

在他的代表作《相对性》（图1-3-3）中，楼梯有三种可能的旋转视角。在《相对性》的世界里，一个空间分为三个视角，一个视角的透视的灭点在左，另一个视角的透视的灭点在右，第三个视角的透视的灭点在上。但只要将这幅图转一个角度，所有的视角皆被改变。图中最下面将要上楼的人，他有三条路可走，无论他走哪一条路，他都可以看到一个悬空端坐在墙壁上的人。但以端坐在墙壁上的人的视角来说，他的双脚又百分之百是放在地面上的。端坐在墙壁上的人的附近有一扇门，他可以正常出入，然而对于门附近的小偷，它又成了的逃窜的暗道。仅这三个人就表现出两两垂直的三个平面。小偷面对的楼梯上的两个人在向同一个方向前行，给人的感觉却是一个在上楼，一个在下楼。与此同时，如果以回廊里俯视下方的人为正常视角，我们可以看到在一个楼梯的两面各有一个人正在下楼，在现实世界里，这是完全不可能的。但在这幅画作里，它却完美实现，且合理存在并不让人觉得违和。仔细看埃舍尔的画作，绝对会为他的画面感到惊奇。

图1-3-3《相对性》

为何埃舍尔能画出《相对性》这样构思奇巧的作品？这和他的人生经历和专业素养有关。埃舍尔是一个土木工程师的孩子，小时候体弱多病的他读的是特殊学校，而成绩又非常糟糕。21岁时，他在建筑与装饰艺术学院学装饰设计艺术。他平时创作了大量平版画、木刻画和雕版画。父亲建议他学建筑，他尽管没成为建筑大师，却将自己学到的物理和数学知识转化为他作品的灵感来源。除了这些知识，他所在的环境也对他产生了极大的影响。1923年至1935年，他旅居意大利，此时他的画作表现出写实主义特点。随着法西斯政权的出现，他为世界的混乱感到愤怒，因而改变了其习惯的作画技法。在20世纪30年代末，他受到了西班牙摩尔人建筑上的装饰图案的影响，开始创作“不可能的图画”。虽然是“不可能的图画”，画面荒诞，但他的作品却严格遵守着透视规律，这使得他作品的画面具有精致的美感。

五、任务评价

请在符合自己实际情况的框格内打“√”，数字越大代表符合程度越高，见表1-3-1。

表1-3-1 任务评价表

评价维度	评价内容	自评等级				
		1	2	3	4	5
学习主动性	能根据需要主动地开展版画知识的学习					
学习理解能力	能完全理解书本上的知识点，并能简要概括					
拓展能力	能收集和整理相关信息，不断拓展专业知识面					
团队协作能力	能主动进行团队分工协作，有较好的组织协调能力					

项目二

认识工艺美术

【项目介绍】

工艺美术是美学和生活的结合，是艺术和科学的产物。它既反映着时代的思想，又直接体现出了社会的生活方式和审美意识的演变。

工艺美术历史悠久，在世界工艺文化中独树一帜。那优美的彩陶、庄重的青铜器、华丽的唐锦、优雅的宋瓷……无一不反映了劳动人民卓越的创造智慧，闪烁着灿烂的艺术光彩，为世人所赞赏。

本项目紧密结合考古发掘的新发现，以历史朝代更迭为线索，以出土实物和历史文献为主，辅之以传世作品，厘清了中国工艺美术的发展脉络，深入浅出地讲述了中国工艺美术的发展历史，让读者能对发生在几千年前的历史事件和工艺美术作品有一个全面而客观的认识。

【项目目标】

一、知识目标

1.了解工艺美术的概念。

2.了解中国工艺美术的发展脉络。

3.了解不同历史时期工艺美术作品的风格演变、特点。

二、技能目标

1.能描述不同历史时期工艺美术的审美风格、工艺方法、设计思路。

2.能分析各工艺美术作品的特征。

三、情感目标

1.培养审美能力及艺术欣赏力。

2.关心生活，感受生活中的美。

3.培养融会贯通的能力和独立思考研究的习惯。

4.增强民族自豪感。

任务一 认识陶瓷工艺

中国是陶瓷的故乡，中国的陶瓷生产有着悠久的历史和辉煌的成就。中国的祖先发明和发展了陶瓷工艺及其技术，这对世界文化有着深远的影响。尤其是瓷器，它经过历代劳动人民的创造与革新，无论材质、造型或装饰等方面都有了很高的技术水平和艺术造诣，也表现出了更多的中国独特的风格。

一、任务描述

通过上面的介绍，同学们对陶瓷工艺应该有了大致的了解。下面让我们一起来了解不同时期的陶瓷工艺特点及其代表作品吧。

二、任务目标

1.了解各朝代陶瓷的特征。

2.知道不同时期陶瓷的代表作品。

三、任务准备

计算机、网络设备、优秀陶瓷工艺作品图片。

四、任务学习

(一)感知与体验

1.彩陶

彩陶是指一种绘有黑色、红色等装饰花纹的红褐色或棕黄色的陶器。

2.陶与瓷的区别

陶与瓷是一种工艺的两个不同发展阶段。

瓷是陶生产的高级阶段，是由陶发展演变来的。虽瓷出现了，但陶仍被保留着，形成了陶和瓷各自发展的两个支流。

3.唐三彩

一种低温铅釉的彩釉陶器。因为它经常采用黄、绿、白等色釉，在器皿上构成花朵、斑点、几何纹等各种色彩斑斓的色釉装饰，所以被称为“三彩”。唐三彩的制品分为器皿、人物、动物三类，一般作冥器用，也作生活器皿。其制作地点分为西窑西安和东窑洛阳。

唐三彩经两次烧成，用精炼的白黏土制胎，用上千摄氏度的高温烧成陶胎，挂釉后再经900摄氏度左右烧制，制作规整、不变形、不裂缝、不脱釉。制作方法有轮制、模制、雕塑等。

4.定窑

定窑窑址主要在今河北省保定市曲阳县的涧磁村和燕山村一带，因该地区唐宋时期属定州管辖，故名“定窑”。

5.汝窑

汝窑，五大名窑之一，在河南临汝县（今汝州市），是宋代北方第一个著名的青瓷窑。汝窑产品由于铁的还原而呈葱绿色。早期在临汝县东北乡的大峪店、东沟等地烧造，多为素瓷无纹。晚期在临汝县南乡的严和店烧造，都是印花、刻花。印花用印模生成，产品主要供宫中御用。

6.官窑

北宋官窑是在汝窑影响下产生的另一青瓷窑，宋代官窑的釉色以粉青为代表，紫口铁足，往往有蟹爪纹等开片。

7.钧窑

河南禹县（今禹州市），金代称“钧州”，故名“钧窑”。始于汝窑极盛时代，兴于汝窑衰落时。曾在北方盛行了较长时间，而且影响极广。

钧窑原属青瓷系统，色釉呈乳浊现象，有磷酸和还原铁结合的成分。由于原料中有铜的元素，经过还原焰烧制而呈绿或紫红斑，打破了一色釉的单调，形成了对比艳丽的艺术风格。这种色斑的变化，被称为“窑变”。

8. 霁红

霁红，又称“祭红”“积红”，也是具有特色的瓷器品种。色调红而略暗，净莹凝重。器皿往往有白色口缘，称为“灯草口”。白与红产生了对比的美。

9.斗彩

又称“逗彩”，其法是在胎上先用“苏泥勃青”青花釉料画出部分花纹，又在釉上与之相适应的加以彩绘，使青花与彩绘形成变化统一的装饰效果。上下斗合，构成全体，故名“斗彩”。

10. 紫砂陶

紫砂陶，所用原料是紫砂泥，其色泽紫红，故名。它深藏于岩石层下，呈块状，经风化，研磨成泥块，再用其制成各种器皿，经一千多摄氏度高温烧成。紫砂陶不挂釉，充分利用陶泥的本色，以显出质地美。上面多施以浅刻，以刀代笔，线条自然流畅。紫砂陶主要是以造型取胜，所谓“方非一式，圆不一相”。

11.画像砖

画像砖，艺术性较高，有空心砖和方砖两种。空心砖，流行于河南、山东等中原地区，是一种大型的长方形陶砖，它是用模印出上、下两面及前后两侧四片泥坯上的花纹，然后加以黏合，两头再加封泥片，并各开一孔，以便烧制。这种砖由于中空，因此易烧，体轻，可防潮。

方砖，多为四川及周边所产。它表现出一定的主题内容，像一幅装饰小品画。根据不同内容，目前已发现七十余种小品画。其装饰题材可分为生产劳动、车骑出行、社会风俗、神话传说、庭园建筑等，而以表现生产劳动题材的画像砖最有特色。其著名的有盐井砖、桑园砖、采莲砖，以及丸剑舞乐砖、庭园砖等。

（二）欣赏与探究

1.仰韶文化彩陶几何纹盆

彩陶几何纹盆（图2-1-1），新石器时代仰韶文化半坡类型，高16.4厘米，口径37.4厘米。

盆折沿，深直腹，圜底。泥质红陶。口沿及外腹部均以黑彩描绘纹饰，口沿上描绘以点定位的水波纹，腹部描绘两层三角形几何纹，两层三角形纹饰的大小及形状

图2-1-1 仰韶文化彩陶几何纹盆

相同，但方向相反。它可能是由鱼纹逐渐抽象演变而来。此彩陶盆的造型和纹饰具有新石器时代仰韶文化半坡类型（约公元前4800～前3900年）彩陶的典型特征。

2.青釉莲花尊

青釉莲花尊（图2-1-2），高67厘米，口径19厘米，足径20厘米。

尊撇口，长颈，鼓腹，高足外撇，肩、颈有6个条形系。通体纹饰达11层：口部至颈部饰纹3层，自上而下为飞天、宝相花纹及蟠龙，以凸弦纹间隔；腹部为器物装饰的主要部分，由5层莲瓣组合而成，上覆下仰，瓣尖向外卷起；足部亦饰覆莲瓣两层，瓣尖亦外卷。器物通体施青绿釉，圈足内深厚，素胎无釉。

图2-1-2 青釉莲花尊

此尊为1948年河北景县封氏墓群出土的四件莲花尊之一。器形高大，气魄雄伟，纹饰华缛精美，集贴、印、堆塑、刻划（画）、模印、浮雕等多种装饰技法于一体。装饰题材莲花、宝相花、飞天与佛教艺术题材吻合，反映了佛教艺术对北方陶瓷的影响。经过化验分析，其胎、釉组成具有北方青瓷特点，该尊为北方青瓷的杰出代表作。

3.青釉褐彩鸡首壶

青釉褐彩鸡首壶（图2-1-3），东晋，口径5.5厘米，高15.4厘米。

壶盘口，鸡首状短流，鼓腹，平底，俗称“鸡首壶”。肩部两侧有桥形系，并有一弧形柄连接口沿。通体施青釉，壶口与鸡首处点缀褐彩，有画龙点睛之妙。

鸡首壶始见于西晋，与羊首壶同类。早期壶的流口多为实心，不能出水。至东晋时期，流口疏通，成为这一时期南方的主要日用瓷器之一。

图2-1-3 青釉褐彩鸡首壶

4.三彩马

三彩马（图2-1-4），唐，高76.5厘米。

此马两耳上耸，双目圆睁，直立于托板上，表现出伫立时宁静的神态。头戴络头，身披攀胸和秋带，上挂杏叶形饰物，马背配鞍，外包鞍袱，下衬雕花垫和障泥，尾系花结。通体施白、绿、赭三色釉。

此件唐三彩作品造型准确，比例匀称，挺拔有力的四腿刻画得尤其生动。

马在唐朝之所以受到重视，与李唐王朝本身具有游牧民族血统有关。李世民将骑马狩猎视为大丈夫三大乐事之一，让阎立本画出昭陵（唐太宗李世民陵墓）六骏样本，命工匠雕刻成石质浮雕，永远陪伴其左右。唐玄宗李隆基驯养舞马在自己生日的千秋节上应节踢踏，翩翩起舞。诗人李白吟出“五花马，千金裘，呼儿将出换美酒，与尔同销万古愁”之佳句。马是唐人生活不可或缺的组成部分，唐代墓葬中出土三彩马众多，反映出唐人对马的喜爱。

图2-1-4 三彩马

5.定窑孩儿枕（残）

定窑孩儿枕（残）（图2-1-5），宋，长15.2厘米，9厘米，高11厘米。

此枕长方形托座，上饰一枕臂侧卧的熟睡小童，小童双眼微合，面带微笑，腰侧为枕面，枕面残缺，只余一小部分，可见釉下印有婴戏莲花纹。托座底中空，涩胎，无釉，上有墨书“元祐元年八月廿七日置太□刘谨记此。”（“□”处的字迹辨识不清）此枕通体施白釉，釉色温润，纹饰清晰，线条飘逸，具有北宋定窑白釉器的显著特征。“元祐”为宋哲宗年号，元祐元年为公元1086年。

图2-1-5 定窑孩儿枕（残）

定窑为宋代五大名窑之一，是我国北方著名窑场，历经唐、宋、金、元，大约有六七百年的历史，以宋代最为兴盛。定窑瓷器以白釉为代表，其精美的造型，乳白、牙白的釉色与流畅的刻花、印花、划花装饰为宋代白瓷之魁。台北“故宫博物院”和北京故宫博物院收藏的孩儿枕，堪称北宋定瓷的代表作品，但器物未写款识。北宋有明确纪年款的瓷枕极少，此件孩儿枕造型逼真，形象生动，制作精美，纹饰清晰，而且带有明确的纪年款，也是目前所知的唯一一件写有北宋元祐元年款识的瓷枕，其为宋代瓷枕的分期和断代提供了宝贵的实物依据。

6.汝窑盘

汝窑盘（图2-1-6），宋，高3.5厘米，口径19.3厘米，足径12.6厘米。

盘口微撇，圈足外撇。盘身满釉，开细碎纹片。底有5个支烧钉痕，并刻有“寿成殿皇后阁”六字。

此器制作工细，釉质纯净，开冰裂纹片，是宋代汝窑瓷器中的上品。其题字表明此器为当时供奉宫廷的器物。

图2-1-6 汝窑盘

7.官窑葵瓣洗

官窑葵瓣洗（图2-1-7），高4.8厘米，口径18.7厘米，足径11.2厘米。

洗八瓣葵花式，斜直壁，折底，圈足。通体施粉青釉，釉面开片，片纹交织如网。足底边无釉，露铁黑色胎。

图2-1-7 官窑葵瓣洗

宋代官窑瓷器与汝窑、哥窑、钧窑瓷器一样，特别注重釉色美。其凝厚的釉层系采取先素烧坯体，然后多次施釉的方法完成的，釉层厚度往往大于坯体的厚度。烧成过程中，选用优质木材作燃料，以保证窑内的温度和气氛。官窑瓷器多为素面，既无精美的雕饰，又无艳彩描绘，多用凸凹直棱或弦纹为饰，在釉面自然优美的片纹点缀下颇显高贵典雅。

此洗造型优美，釉层莹润如玉，在溢青流翠的釉面上片纹纵横交错，大片纹间又闪现条条小冰裂纹，构成优雅和谐的艺术整体。

8.钧窑玫瑰紫釉葵花式花盆

钧窑玫瑰紫釉葵花式花盆（图2-1-8），宋，高15.8厘米，口径22.8厘米，足径11.5厘米。

图2-1-8 钧窑玫瑰紫釉葵花式花盆

花盆呈六瓣葵花式。折沿，沿边起棱，深腹，圈足。内外施釉，口沿以内呈灰蓝色，外壁呈玫瑰紫色，口沿下流釉，凸棱处釉薄呈酱黄色。外底呈深浅不同的酱色，有5个圆形渗水孔，刻有标识器物大小的数目字“七”，并有清代造办处玉作匠人所刻“建福宫”“竹石假山用”款识。

此花盆造型优美端庄，曲线起伏婉转，器里的灰蓝色釉与外表的玫瑰紫釉相映生辉，宛如一朵盛开的葵花，令人回味。器底清代造办处的刻字，表明了此件花盆在清宫中的具体用途，十分可贵。

9.青花花鸟纹梅瓶

青花花鸟纹梅瓶（图2-1-9），高44厘米，口径6.5厘米，足径13.8厘米。

图2-1-9 青花花鸟纹梅瓶

瓶小口，平肩，身较长，圈足外撇。瓶口饰弦纹一道，颈饰蕉叶纹，肩部为如意云纹一周，云头间隔以璎珞纹，如意云纹内绘折枝花卉。腹部绘花鸟草虫等纹饰。近足处绘缠枝莲及变形莲瓣纹各一周。底部青花方栏内书“富贵常春”四字吉祥语款。

明嘉靖、万历时期的梅瓶一般较前期明显增高，形体渐大。吉祥语款为嘉靖时期梅瓶的主要特征之一。

10.粉彩九桃瓶

粉彩九桃瓶（图2-1-10），清乾隆，高64.7厘米，口径22.2厘米，足径20.4厘米。

瓶直口微撇，直颈，腹部丰满浑圆，圈足。通体绘桃树一株，树干茁壮，枝上结蟠桃9个，桃树旁衬一簇月季。底足书青花“大清乾隆年制”六字篆书款。

图2-1-10 粉彩九桃瓶

乾隆时期的粉彩瓷器中有大量祥瑞题材的装饰，这类题材大都借助自然景物寓意吉祥。绘画工细、层次清晰、内容繁缛是其时代特点。此瓶运用渲染手法绘画桃实，桃实饰彩浓厚，成功地表现出成熟桃实的娇艳色彩，构图疏密有致，形成叶有阴阳向背、树有老枝新芽的效果，是乾隆粉彩大件器物的代表作品。

以九桃纹装饰瓷器是雍正以来官式瓷器的题材和样式，至光绪时期仍有仿造。雍正时期的九桃图样或见于粉彩天球瓶、粉彩橄榄瓶，或见于过枝纹粉彩盘。在所有雍正、乾隆和光绪时期的粉彩九桃纹瓷器上，以雍正时期的纹样着色最为鲜艳且最多样化，绘画水准最高。

五、任务评价

请在符合自己实际情况的框格内打“√”，数字越大代表符合程度越高，见表2-1-1。

表2-1-1 任务评价表

评价维度	评价内容	自评等级				
		1	2	3	4	5
学习主动性	能根据需要主动地开展陶瓷知识的学习					
认知能力	能理解书本上的关于陶瓷知识的描述，并能进行简要概括					
创新能力	能收集和整理陶瓷相关信息，不断拓展专业知识面，提高创新意识					
团队协作能力	能参与团队合作，组织协调能力强					

任务二 认识青铜器

中国古代铜器，是我们的祖先对人类物质文明的巨大贡献。虽然从考古资料来看，中国铜器的出现，晚于世界上其他一些地方，但是就铜器的使用规模、铸造工艺、造型艺术及品种而言，世界上没有一个地方的铜器可以与中国古代铜器相比拟。这也是中国古代铜器在世界艺术史上占有独特地位并引起普遍重视的原因之一。

青铜器是铜与其他化学元素（如锡、铅等）的合金制成的青铜器物，其铜锈呈青绿色。中国古代的青铜器品种很多，包括炊器、食器、酒器、乐器、车马饰、铜镜、兵器、工具和度量衡器等。商晚期至西周早期，是青铜器发展的鼎盛时期，器型多种多样，浑厚凝重，铭文逐渐加长，花纹繁缛富丽。

一、任务描述

中国古代的青铜器制作精美，在世界青铜器中享有极高的声誉和艺术价值，代表着中国5000多年青铜发展的高超技术与文化。下面让我们一起来了解各朝代青铜器的工艺特点及其代表作品吧。

二、任务目标

1.了解青铜文化、青铜器的概念及其主要纹饰。

2.能掌握青铜器的装饰特点。

三、任务准备

计算机、网络设备、优秀青铜器作品图片。

四、任务学习

（一）感知与体验

1. 商代青铜器

(1) 商代青铜器的装饰特点。

①图案纹样是以单独纹样为主。这种单独纹样是以饕餮纹为主体，或以双夔纹

组成一个饕餮，而饕餮又是以头部为主。

②图案纹样多采用对称的格式。

③商代的装饰多采用主纹和地纹的结合，以饕餮纹作为主纹，而以回纹作为地纹。

④商代铜器的装饰方法，早期脱胎于陶器的拍印，后期则运用刻花的方法。

（2）商代青铜器的主要装饰纹样。

①夔纹：近似龙纹的怪兽纹，常见于商代青铜器纹饰中。常常以两夔相对，组成一个饕餮纹；或仅作为饕餮纹的附饰。

②饕餮纹：饕餮纹是青铜器上常见的传统纹样，也称“兽面纹”，盛行于商及西周早期，是一种装饰性很强的纹样，一般作为器物的主要纹饰，其纹面部夸张，以鼻梁为中线，两侧对称排列，有的有身躯、兽足，有的只有面部。

③回纹：是几何纹，横竖短线折绕组成的方形或圆形的回环状花纹，形如“回”字，所以称作回纹。多作为地纹使用，用面的大小和线条粗细对比，衬托出装饰主体。在青铜器上多是方形回纹。回纹以它简朴凝练的风格使得青铜器祭祀礼器更具庄严、厚重之感。

2.周代青铜器

从纹饰上看，西周时期的青铜器纹饰在继承商代的基础上继续发展，西周早期和商代晚期一样进入了纹饰发展的鼎盛期。西周时期和商代虽然在纹饰的种类上不同，但这些纹饰的本质和功能没有变，仍然是为了增强青铜器的神秘性，加强了其礼器地位。

下面主要介绍几种具有较强代表性的周代青铜器的装饰纹样：

（1）窃曲纹。这是一种适应装饰部位的要求而变形的动物纹样，是动物的简化和抽象化。周代打破了商代以来以直线为主的装饰特点，也打破了对称的格式。一般都组成“S”形，但又未完全摆脱直线的雏形。因此形成直中有圆、圆中有方的特点。窃曲纹就是极具代表性的一种。

（2）鸟纹。周代盛行鸟纹。商代鸟纹头向前，身体成“一”字形。周代鸟纹头向回看，尾亦下卷，基本上构成“S”形骨架。

（3）环带纹。它组成波状连续的带状，以上下左右的反复产生节奏感和秩序感。环带纹常用于器物的主要部位。

(4) 重环纹。这是一个由呈椭圆形的环为单位，连续组成带状的纹样。环的一端呈圆形，另一端呈两锐角。有一重的，有两重的，也有三重的。

3.春秋战国时期青铜器

金银错或称错金银，是春秋战国时期青铜工艺装饰的一种创造。是在青器上用金银或其他金属丝、片镶嵌成各种图案花纹，再用错石(厝石)错平磨光。厝石，即细砂岩。

4.汉代青铜器

两汉时期包括西汉、新莽、东汉，是中国统一多民族封建国家的强盛时期，经济和文化都达到了前所未有的高度，各个方面都为汉民族文化的形成奠定了基础。当时陶瓷业的进步和漆器的发展，虽然代替了青铜器皿在人们日常生活中的地位，但制铜工艺并没有衰退，而是转向了制造铜镜等方面。因此，铜镜成了两汉时期青铜器的杰出代表。

汉代铜镜的特点是圆形、薄体、平边、圆钮，装饰程式化。在不同的时期有不同的风格，它的发展可分为三个时期。

第一时期：指西汉初期至中期、末期。这时期的铜镜用平雕手法，镜面较平，花纹平整，镜边简略，装饰性强。比较有代表性的是蟠螭纹镜、星云纹镜和草叶镜等。

第二时期：指西汉末期至东汉初期。这时期比较最具代表性的是规矩镜。因其铸造雕镂都非常精细规矩，镜纹具有类似英文字母T、V、L的图形而得名，外国学者也称之为“TLV镜”。其程式相当标准，一般均划分镜背为若干装饰区，从钮座起，以圆钮为中心作为一个单独装饰单位，钮座的外形有圆形、方形等几种。紧接着钮座的幅面为内区，是主要花纹的部位。花纹中的T、L形，常常是在铜镜内区的四面，对称地排列于主花中，起着穿插作用。再向外为外区，多装饰由卷草纹或鸟兽纹以及几何纹组成的带状图案。最后的外缘区，有全素的，有做简单联弧纹的，也有加饰绳纹、锯齿纹花边的。

第三时期：指东汉中期至末期。这时期镜面微凸，便于照出面部的全貌，符合科学原理。镜钮变得更厚大结实。与第一时期相反，联弧纹多在内区。比较有代表性的是双夔纹镜、蝙蝠纹镜、画像镜、方铭镜等。

5.明代青铜器

宣德三年（1428年），皇帝命令臣工们用郑和下西洋带回来的“洋铜”经十二炼后铸造鼎彝器，开创了古代铜器铸造技术之先河，成就了享誉中外的宣德铜器，令一代代后人推崇备至。

这批宣德铜器，因其品种多为炉式，故称为宣德炉。宣德炉都铸有“大明宣德年制”的铭文，其字体结构严谨、工整规范、气韵连贯、刚劲有力，系当时书法大家手书后铸造。铜器的造型、纹饰、人物等虽有仿古的成分，但都有许多变化且具备宣德时期的艺术风格和特征，为宫廷绘画大师和工艺雕刻大师的合作结晶，造型宏伟浑圆、庄重古朴，纹饰粗犷、流畅、自由豪放，人物生动传神、精美绝伦。

宣德铜器开一代铜器之先河，把我国古代的青铜合金技术推向了一个顶峰。

（二）欣赏与探究

1.“后母戊”青铜方鼎

“后母戊”青铜方鼎（曾称“司母戊鼎”，图2-2-1），是目前已知中国古代最重的青铜器，也是世界少见的珍品。它形制巨大，雄伟庄严，鼎重832.84千克，高133厘米、口长112厘米、口宽79.2厘米。器腹部内壁铸铭“后母戊”，是商王母亲的庙号。

图2-2-1 “后母戊”青铜方鼎

这个鼎器厚立耳，折沿，腹部呈长方形，下承四柱足。器腹四转角、上下缘中部、足上部均置扉棱。以云雷纹为地，器耳上饰一列浮雕式鱼纹，耳外侧饰浮雕式双虎食人首纹，腹部周缘饰饕餮纹，柱足上部饰浮雕式饕餮纹，下部饰两周凸弦纹。

“后母戊”青铜方鼎器身与四足为整体铸造，鼎耳则是在鼎身铸成之后再装范浇铸而成。铸造此鼎，所需金属原料超过1000千克。制作如此大型器物，在塑造泥模、翻制陶范、合范灌注等环节中，存在一系列复杂的技术问题。“后母戊”青铜方鼎的铸造，充分说明商代后期的青铜铸造不仅规模宏大，而且组织严密，分工细致，足以代表高度发达的商代青铜文化。现珍藏于中国国家博物馆。

2."妇好"青铜三联甗

图2-2-2 "妇好"青铜三联甗

"妇好"青铜三联甗（图2–2–2），是在商代妇好墓发现的一件炊煮器，其形式前所未见。它有一个长方形的器身，上面有三个圈口，圈口的距离相等。下底有6足。腹足都有烟迹，应是实用之器。其上有三个甑置于圈口上。通高为68厘米、长103.7厘米、宽27厘米，甑高26.2厘米、口径33厘米、底径15厘米，总重量为138.2千克。三联甗的装饰，器身的案面3圈口，均为3条龙纹圈绕着。2条龙身相接，1条龙的空间处饰以夔纹和兽面纹，使其在规则中又显出变化。龙身均饰以回纹，这种纹样和当时丝织物的图案相似。器身侧面用夔纹和圆涡纹相间。下有三角形饰纹。甑的口缘用夔纹相对装饰。甑底部饰三角形纹，与三联甗器底相呼应，以取得统一的艺术效果。现珍藏于中国国家博物馆。

3.大盂鼎

图2-2-3 大盂鼎

大盂鼎（图2-2-3），又称"盂鼎"，它是现存西周青铜器中的重器之一，也是西周康王时期著名的青铜器之一。它是在清道光年间从陕西郿县（今眉县）礼村出土的，曾经数度流离，几经辗转，1951年被收藏者捐献给国家，如今珍藏于中国国家博物馆。大盂鼎为西周大型鼎器，立耳、圆腹、三柱足、腹下略鼓，高101.9厘米，口径77.8厘米，有153.3千克重。鼎身的口沿下有饕餮纹带的装饰，底下的三足上，则有浮雕式饕餮纹的装饰，此外还有云雷纹饰。大盂鼎体现出精良高超的制作工艺，整体造型流露出雄伟凝重的万端威仪，堪为世间珍宝。大盂鼎的内壁有长达291字的铭文，记述的内容是康王向盂叙述周文王和周武王的立国经验，任命盂来管理兵戎，并赐美酒、命服、车马和奴隶的事情。这段铭文是珍贵的历史资料，为史学家研究周朝的奴隶制度提供了依据。铭文整体布局严谨，用笔方圆兼备，有端庄凝重的风格，艺术味道浓厚，是西周青铜器中非常罕见的艺术精品。大盂鼎从书法角度看，是西周早期金文书法的代表作品，也是中国珍贵的文物。

4. "虢季子白"青铜盘

"虢季子白"青铜盘（图2-2-4）直口方唇、圆角长方形槽体，腹壁下斜近底内收成圆弧、平底，下接四个曲尺形足，腹壁四面各有一对兽首衔环耳。器口缘下部饰窃曲纹，腹部环饰波曲纹。该盘长137.2厘米，宽86.5厘米，高39.5厘米，重215.3千克，整体简洁肃穆、气势宏大，是目前所知最大的一件青铜盘。

图2-2-4 "虢季子白"青铜盘

盘内底铸铭8行111字，记述虢季子白受王命征伐俨狁，武功赫赫，王赏赐马匹、弓矢、铜钺以兹奖励，虢季子白便铸盘铭记此事。现珍藏于中国国家博物馆。

5.莲鹤方壶

国家级文物，青铜制，作于春秋时期，1923年出土于河南新郑李家楼村一座大墓中，共一对。现分别收藏于北京故宫博物院、河南博物院。北京故宫博物院藏莲鹤方壶高122厘米，宽54厘米，重64千克。

莲鹤方壶（图2-2-5）壮丽精美，杯盖方壶，但杯盖的圈顶扩大并分裂，由透雕变为

图2-2-5 莲鹤方壶

双层20个莲花瓣；盖顶上立一展翅欲飞的白鹤，昂首望远；器身所饰群龙、足下所饰双兽皆栩栩如生，呼之欲出；纹饰不分层次，盘绕纠结；实是充分展现春秋晚期新风格的一对巨制。

方壶通体满饰蟠螭纹，相互缠绕，不分主次，上下穿插，四面延展。身上的纹饰为浅浮雕，并有阴线刻镂的龙、凤纹饰。有的是以鸟兽合体的形式表现，虬屈蟠绕，布满壶体。方壶是青灰色，经过长时间的氧化作用，表面起了经氧化而产生的青色或绿色斑。方壶的制作工艺采用了圆雕、浅浮雕、细刻、焊接等多种技法，铸作技艺卓越精湛。

6.东汉铜奔马

东汉铜奔马（也称马踏飞燕）（图2-2-6）是中国东汉时期的青铜器，于1969年出土于东汉镇守张掖的军事长官张某及其妻的合葬墓中。该青铜器塑造的是一只奔跑的骏马踏在一只燕子（学术界有一些争议）身上的造型，其意在于形容这匹马的矫健。在器物中，奔马身长45厘米，高34.5厘米，宽13.1厘米，形象雄健轻灵，神采飞扬。奔马昂首鸣叫，三足腾空、飞驰向前，一足踏在一只疾驰的飞燕背上，飞燕则吃惊地回过头来观望，看到底发生了什么事。整匹马的重量都踏在一只正疾驰的飞燕身上，显然作者事先严格计量设计了整个器物的重心。整个作品构思巧妙，极具浪漫色彩，雕塑本身也生动逼真，传神地塑造了一匹正在“天马行空”地奔跑的骏马形象。该作品的出现与汉时朝廷通过骑兵战胜了匈奴，国威大振，人们因此非常喜欢马的社会心理有关。另外，此马也展现了汉代人在开疆拓土、广交天下诸国的背景下的积极向上的心态。现珍藏于甘肃省博物馆。

图2-2-6 东汉铜奔马

7.长信宫灯

长信宫灯（图2-2-7），1968年出土于河北省满城县（今满城区）中山靖王刘胜之妻窦绾墓。现珍藏于河北博物院。宫灯通体鎏金，作宫女跽坐持灯状，中空。整体由头部、身躯、右臂、灯座、灯盘和灯罩等部分组成，各部均可拆卸。宫女着广袖内衣

图2-2-7 长信宫灯

和长袍，左手持灯座，右臂高举与灯顶部相通，形成烟道。灯罩由两片弧形板合拢而成，可活动，以调节光的照度和方向。灯盘有一方銴柄，内尚存朽木。长信宫灯高48厘米。器身共刻有铭文9处65字，分别记载了该灯的容量、重量及所属者。因灯上刻有“长信”字样，故名“长信宫灯”。

长信宫灯一改以往青铜器皿的神秘厚重，整个造型及装饰风格都显得舒展自如、轻巧华丽，是一件既实用、又美观的灯具珍品，堪称“中华第一灯”。它采取分别铸造，然后合成一整体的方法制成。考古学和冶金史的研究专家一致认为，此灯设计之精巧，制作工艺水平之高，在汉代宫灯中首屈一指。

五、任务评价

请在符合自己实际情况的框格内打“√”，数字越大代表符合程度越高，见表2-2-1。

表2-2-1 任务评价表

评价维度	评价内容	自评等级				
		1	2	3	4	5
学习主动性	能根据需要主动地开展青铜器知识的学习					
认知能力	能指出上述青铜器的装饰特点					
拓展能力	能收集和整理其他金属制品的信息，不断拓展专业知识面					
团队协作能力	能参与团队合作，组织协调能力强					

任务三 认识染织工艺

中国的纺织与印染技术具有非常悠久的历史，早在原始社会时期，古人为了适应气候的变化，已懂得就地取材，利用自然资源作为纺织和印染的原料，以及制造简单的纺织工具。西周时期具有传统性能的简单机械缫车、纺车、织机相继出现。汉代广泛使用提花机、斜织机。到了唐宋时期，不但创新了色彩华丽、质地坚韧的丝绒，而且缎纹组织的锦也达到了相当高的水平。宋元时期革新家黄道婆传授纺织技艺，革新棉纺织工具，推广棉花种植，为棉纺织技术的改进和推广做出了很大的贡献，使松江地区在明清时期成为当时最大的棉纺织中心。

一、任务描述

绚丽多彩的丝绸等众多精美服饰都是精湛的染织工艺的结晶。让我们一起来了解染织工艺的特点及其代表作品吧。

二、任务目标

了解染织文化，能区分不同作品的工艺特点。

三、任务准备

计算机、网络设备、优秀染织作品图片。

四、任务学习

（一）感知与体验

1. 锦

锦是以两种以上的彩色丝线显花的多重丝织物。汉代的锦是一种经丝彩色显花的丝织品，通称为“经锦”，这种锦的制造特点是同一纹样同一色彩，形成直行排列。

2.缂丝

缂丝是指用通经断纬方式织造的丝织品，以生蚕丝为经线，以彩色熟丝为纬线。组织特点不同于普通织物纬线贯穿全幅，而是显示在需要色彩的部位。织成后有雕刻的效果，又名刻丝。

3. 纳石失

纳石失是中国元代重要的丝织品种，它是用扁金线或圆金线织造纹饰的一种丝织物，亦称织金锦。在丝织物上大面积用金线织造花纹，在元代极为盛行，这主要是取决于蒙古族的习俗爱好，以及上层统治者为了显示其豪华和富贵。

4. 顾绣

顾绣是上海地区工艺品中的瑰丽奇葩。顾绣因源于明代松江地区的顾名世家而得名。顾绣以名画为蓝本，专绣书画作品，把宋绣中传统的针法与国画笔法相结合，以针代笔，以线代墨，勾画晕染，浑然一体，成为一门独特的刺绣艺术。

5.云锦

云锦盛产于南京，是我国传统丝织工艺中技艺成就较高，极具地方特色的一种提花多彩丝织锦缎。它因绚丽多姿、美如天上云霞而得名。

云锦大量采用金线勾边或金银线装饰花纹，以白色相间或色晕过渡，以纬管小梭挖花装彩。其纹样是用表示尊贵或吉祥的鸟兽、花卉、草虫作为主体，各式云纹作陪衬，云纹有行云、流云、朵云、片云、团云、回合云、如意云、和合云等多种变化纹，正是这些模仿自然界奇妙的云势变化，再加以艺术加工做出来的云纹，使云锦图案达到了繁而不乱、疏而不漏、层次分明、主题突出的艺术效果，结构严谨、风格庄重，色彩丰富多变。

6.四大名绣

刺绣，古称针绣，是用绣针引彩线，按设计的花纹在纺织品上刺绣运针，以绣迹构成花纹图案的一种工艺。“四大名绣”，指的是我国刺绣中的苏绣、湘绣、粤绣、蜀绣。“四大名绣”之称形成于19世纪中叶，它的产生除了本身的艺术特点外，另一个重要原因就是绣品商业化的影响。由于市场需求和刺绣产地的不同，刺绣工艺品作为一种商品开始形成了各自的地方特色。其中，苏、湘、粤、蜀四个地方的刺绣产品销路很广，影响尤大，故有“四大名绣”之称。

（二）欣赏与探究

1.《人物龙凤帛画》

图2-3-1 《人物龙凤帛画》

《人物龙凤帛画》(图2-3-1) 出土于长沙楚墓，也叫《人物龙凤图》，该帛画的质地为褐色平纹绢。帛画中画的是一位侧身而立，祈祷的仕女。她面向画面左方，头发盘起，穿着云纹广袖长袍，腰间还束有白色宽腰带。仕女头顶有一只正欲展翅高飞的凤。凤的头朝左上扬，双爪一后，前爪前曲，后爪后伸。两条长翎毛拖在身后，翎毛向前伸于凤的头上。凤的左方有一条蜿蜒的龙。龙身上还装饰着一道道的纹路，龙头向上。

绘画以白描为主，间以单色平涂，其线条流畅舒展，形象勾勒形神兼备，尤其是龙、凤的动态渲染和人物的静态刻画，形成一弛一张的鲜明对比，具有很强的艺术表现力。这是我国发现时代最早、保存最完整的人物肖像画之一，现珍藏于湖南省博物馆。

2.龙凤虎纹绣

图2-3-2 龙凤虎纹绣（局部）

龙凤虎纹绣（局部如图2-3-2），1982年出土于湖北江陵马山砖厂一号墓。这是战国时期一件杰出的刺绣作品，是用锁绣针法在罗地上刺绣而成，盘曲的龙和飞舞的凤，穿插自然，线条流畅。昂首扬尾的斑斓猛虎，张着大口，似在与龙搏斗，虎身红黑相间的斑纹，成为画面的重要点缀。现珍藏于湖北省荆州博物馆。

3.《顾绣罗汉朝观音图轴》

《顾绣罗汉朝观音图轴》(图2-3-3)，明末，长120厘米，宽45厘米。

此图轴在本色绫地上彩绣神话中诸仙朝拜观音的故事。作品采取单晕色的装饰方法，人物、山石、云雾、树木、坡陀和花草等纹样以缠针、滚针、平金和钉线等针法绣制，然后用石绿、赭石和大红等色渲染。作品未作大面积铺绣，只在线条上运针勾描。画中人物在云雾间，视之有穿行游动感。画上朱绣“虎头”和“仲子篮生家女红”。

此作品风格与明代画家丁云鹏的画风十分接近，构图新颖，线条舒展流畅，绘、绣搭配适宜，把顾绣半丝半彩的创作手法充分表现出来。现珍藏于北京故宫博物院。

图2-3-3《顾绣罗汉朝观音图轴》

4.红地奔虎五毒妆花纱袜片

红地奔虎五毒妆花纱袜片(图2-3-4)，明，长32厘米，宽10.7厘米。

此袜片以平纹方孔纱组织为地，用彩色丝线和片金线，以妆花技法织虎镇五毒(蛇、蝎子、蜈蚣、壁虎和蟾蜍)图案。织工精细，

图2-3-4 红地奔虎五毒妆花纱袜片

纹样朴拙写实、生动自然，呈现出典型的明代织物的风格和特点。

袱片所织纹样，反映了中国古代民间传统的端午习俗。其俗认为五月正值初夏，是各种病毒渐趋猖獗、多灾多难的“毒月”，病毒从五月初五端午日的午时起开始滋生，因此民间有避“五毒”之俗。通常人们在端午日采取洒石灰、喷雄黄酒、悬艾叶、插菖蒲、佩艾虎、沐浴兰汤等措施，以灭“五毒”，驱邪气。其中佩艾虎是指用艾枝叶制成虎形，或剪彩为虎，上粘艾叶，以此作为驱毒除病的厌胜之物。之所以以虎驱邪，是因为人们认为虎为百兽之长，雄健威猛，是能吃魑魅魍魉的神兽。《风俗通》即云：“虎者阳物，百兽之长也……噬食鬼魅……亦能辟恶。”这件织物饰虎镇五毒图案，即表达了人们欲借猛虎之力以达驱毒避瘟、保佑平安的良好愿望。现珍藏于北京故宫博物院。

5.缂丝紫天鹿

缂丝紫天鹿（图2-3-5），北宋，纵45.7厘米，宽27.3厘米。现珍藏于北京故宫博物院。

此织物以紫色为地，在遍地密花中，间饰天鹿、月兔、异兽、翔鸾纹。其缂织技术并不复杂，主要为平缂和环缂，但在表现手法上却有独到之处。对花叶层次的处理不单借助于渲晕及色彩的配置，而且采用不同的纬线密度来表现，即心部纬线细密，向外逐渐粗疏。彩纬有紫、墨绿、棕黄、橘黄、米黄、淡茶、湖蓝、缥、米色等。织物遍地密花的布局以及花枝纹样的造型、用色都极富时代特征。

图2-3-5 缂丝紫天鹿

五、任务评价

请在符合自己实际情况的框格内打"√"，数字越大代表符合程度越高，见表2-3-1。

表2-3-1 任务评价表

评价维度	评价内容	自评等级				
		1	2	3	4	5
学习主动性	能根据需要主动地开展染织知识的学习					
认知能力	能指出前文所述染织品的工艺特点					
拓展能力	能收集和整理现代染织信息，不断拓展专业知识面					
团队协作能力	能参与团队合作，组织协调能力强					

任务四 认识漆器工艺

中国漆器是中国古代在化学工艺及工艺美术方面的重要发明。它一般髹朱饰黑，或髹黑饰朱，以优美的图案在器物表面构成一个绮丽的彩色世界。从新石器时代起，中国人就认识了漆的性能并用以制器。历经商周直至明清，中国的漆器工艺不断发展，达到了相当高的水平。

一、任务描述

通过上面的介绍，同学们一定想知道漆器工艺更多的知识。下面就让我们一起来了解漆器工艺的特点及其代表作品吧。

二、任务目标

1.了解漆器工艺的特点。

2.能描述漆器的制作方法。

三、任务准备

计算机、网络设备、优秀漆器作品图片。

四、任务学习

(一)感知与体验

1.漆器

漆器是指用漆涂在各种器物的表面上所制成的日常器具及工艺品、美术品等。

2.生漆

生漆是从漆树上割取的天然汁液，用作涂料，有耐潮、耐高温、耐腐蚀等特殊功能，又可以配制出不同色漆，色泽明亮。

3.斑漆

斑漆是两晋南北朝的一种漆饰技法，用两种以上色漆，互相交错，呈现各种花纹，犹如动植物上面的斑纹或用单色漆显出深浅不同的斑纹。

4.金银平脱

金银平脱技术系由汉代的金银箔贴花技术演变而来的。平脱的做法，系用薄金片或薄银片按照装饰花纹的要求，剪成图案粘贴在漆器上。然后加漆两三层，最后经过研磨，使其显出金银花纹。

5.雕漆

雕漆工艺，是把天然漆料在胎上涂抹出一定厚度，再用刀在堆起的平面漆胎上雕刻花纹的技法。由于色彩的不同，亦有“别红”“别黑”“剔彩”及“剔犀”等不同的名目。

6.犀皮

它的制作方法是先用稠厚的色漆在器胎上涂上凹凸不平的漆层，待干后，再用各种对比鲜明的色漆分层涂漆，形成多层多色的漆层，最后打磨。由于漆层的高度不同，因而形成片云、圆花、松鳞等似犀牛皮的斑纹。

7.螺钿

螺钿是精选河蚌、鲍鱼贝、夜光螺等优质贝壳作为原料，经磨制做成人物、亭台楼阁、花鸟鱼虫等图案，拼贴、镶嵌于器物表面的装饰工艺。

8.戗金

在推光器或罩漆完成的漆器表面，采用特制的针或细雕刀，刻出较纤细的纹饰来，在刻画的花纹中上漆，然后填以金箔等，花纹露出金色的阳文谓之戗金。

9.百宝嵌

百宝嵌，是在同一件器物上有选择地镶嵌多种经过加工的珍贵材料，从而达到突出构图主题和强化装饰效果的目的。其漆器的制作方法是用金银宝石、珍珠珊瑚、碧玉翡翠、水晶玛瑙、象牙等各种珍贵宝物，雕成山水、人物、树木、楼台、花草翎毛，嵌在檀梨漆器上，大则屏风，小则茶具，光彩陆离，美不胜收。

（二）欣赏与探究

1.彩绘漆几何纹方耳杯

彩绘漆几何纹方耳杯（图2-4-1），战国楚，高6厘米，口长径为18.3厘米、短径为11.4厘米，底长径为12.2厘米、短径为6.6厘米，连耳宽15.6厘米。

耳杯厚木斫胎，杯口呈椭圆形，弧壁，平底，方形耳。器内髹朱漆，双耳及杯外壁髹赭色漆，耳面绘几何纹，两端侧面绘涡纹。

此耳杯出土于荆州江陵范家山15号战国楚墓。其胎体较厚，具战国漆耳杯的胎质特点。西汉漆器之胎体减薄变轻，耳杯胎体亦如此。耳杯所饰几何纹及涡纹是战国至西汉漆器装饰的主要辅助纹样。现珍藏于北京故宫博物院。

图2-4-1 彩绘漆几何纹方耳杯

2.“张成造”剔红栀子花纹圆盘

“张成造”剔红栀子花纹圆盘（图2-4-2），元，高2.8厘米，口径16.5厘米。现珍藏于北京故宫博物院。

盘以黄漆为地，以写实手法在盘中雕刻一朵硕大盛开的双瓣栀子花，间有四朵含苞欲放的花蕾，枝叶舒卷自如，肥腴圆润，布满全器。盘背边雕刻香草纹，线条峻深而圆转自如。近足处有“张成造”三字针划细款。

图2-4-2“张成造”剔红栀子花纹圆盘

“张成造”剔红栀子花纹盘，髹漆肥厚，刀法浑厚圆润。它既是元代雕漆的精品，又代表了当时雕漆工艺的最高水平。

3.剔红荷花茨菰纹圆盒

剔红荷花茨菰纹圆盒（图2-4-3），明永乐，高3.5厘米，口径7.4厘米，足径4.5厘米。现珍藏于北京故宫博物院。

盒蒸饼式。通体黄漆素地上雕荷花茨菰等水生植物。外底髹赭色漆，左侧近足处有针划“大明永乐年制”行书款。

图2-4-3 剔红荷花茨菰纹圆盒

荷花迎骄阳而不惧，出淤泥而不染，在佛教世界中被作为神圣净洁的象征。茨菰（音慈姑）又名“燕尾草”，是一种可食用、补中益气的水生草本植物，其在自然界往往与荷花共生。茨菰间于荷花之中，整体图案更显自然生动。

4.黑漆嵌螺钿云龙纹大案

黑漆嵌螺钿云龙纹大案（图2-4-4），高87厘米，长197厘米，宽53厘米。现珍藏于北京故宫博物院。

案平头式，四足内收，是明代的一种流行式样。通体髹黑漆嵌螺钿云龙纹。案面嵌5条飞龙，蜿蜒云中，案其余部位均饰龙戏火球纹，嵌制精细。案底面以螺钿嵌“大明万历年制”六字款。

嵌螺钿漆器，是取材于各种贝壳天然色彩与光泽最佳的部位，分层剥离并磨制后镶嵌于漆器上作为装饰。明代名漆工杨明在《髹饰录》中注道：“壳片古者厚而今者渐薄也。”这里所说的“古者”指元、明以前之物。明清两代用厚螺钿镶嵌家具等大件器物成为一种时尚，因厚螺钿色泽变化简单，宜镶嵌简洁明快的图案，具有粗犷洒脱的特点。此案为明代硬螺钿漆器的代表作。

图2-4-4 黑漆嵌螺钿云龙纹大案

5.黑漆描金莲蝠纹宝座式笔架

黑漆描金莲蝠纹宝座式笔架（图2-4-5），清，高21.6厘米，宽26.5厘米。现珍藏于北京故宫博物院。

笔架宝座式，通体髹黑漆，作描金装饰。宝座栏板镂雕缠枝莲叶纹，靠背中央顶端饰一蝠纹，其下作长方形委角开光，开光内正面光素，背面绘山水楼阁图。座足亦满饰缠枝花叶纹。座面与托泥上饰不同的团花纹。下承随形托泥。座面有圆孔5个，下方托泥上对应做5个凹槽，以固定所插之笔。

图2-4-5 黑漆描金莲蝠纹宝座式笔架

清代宫廷制作笔架采用的材质和工艺技法都极丰富，但以黑漆描金工艺制作、又取宝座式造型者仅存此一件，故以稀为贵。此笔架描金纹饰颇为精细，风格高贵而华美。

6.黑漆描金嵌染牙妆奁

黑漆描金嵌染牙妆奁（图2-4-6），清中期，通高42厘米，长42厘米，宽42厘米。现珍藏于北京故宫博物院。

图2-4-6 黑漆描金嵌染牙妆奁

妆奁方形，分上下两部分。上部开启奁盖，内有一方盒，用于摆放铜镜。下部开启两扇门，内又有镂雕的两扇小门，小门内有对称的四个抽屉，底部为一大抽屉，均用于摆放梳妆用物。妆奁所需衔接处均配以银镀金錾花合页及鱼形扣。

妆奁的装饰采用了染牙和描金工艺。在漆地上挖槽，将反复琢刻、打磨的各式染牙嵌件通过粘、镶的手法填入槽中，组成多种图案。顶部有蝙蝠、桃、菊花、如意纹，角隅处饰莲花，正面镶对称的梅、菊、水仙、山茶等花卉，其间有纷飞的彩蝶。其余三面均嵌梅、蝶纹。茶花与蝴蝶寓意“地久天长”，蝙蝠、桃、如意寓意“福寿如意”。妆奁顶部又饰有描金莲花、蝙蝠，双门内壁描金山水楼阁，此外，妆奁还使用了雕刻工艺，可谓集多种工艺于一器。整件器物古香古色，富贵华丽，是清中期的优秀工艺品。

7.脱胎朱漆菊瓣式盖碗

脱胎朱漆菊瓣式盖碗（图2-4-7），清乾隆，口径10.8厘米，通高9.8厘米。现珍藏于北京故宫博物院。

图2-4-7 脱胎朱漆菊瓣式盖碗

碗呈菊瓣形，敞口，略外撇，弧腹，平底，矮圈足。通体髹朱漆，盖内及碗心髹黑漆后，刀刻填金隶书乾隆御制诗《题朱漆菊花茶杯》：“制是菊花式，把比菊花轻。啜茗合陶句，裛露掇其英。”末署“乾隆丙申春御题”及“太璞”印章款。“丙申”是乾隆四十一年（1776年）。盖钮及外底均有刀刻填金“乾隆年制”篆书款。

根据档案记载，乾隆四十年（1775年）二月，皇帝命令苏州织造按照发去的青白玉撇口碗样款大小，照先做过的朱漆菊瓣盘做法一样做朱漆菊瓣盖钟一对，同年十一月做得送京后，交懋勤殿刻“乾隆年制”方款。次年《题朱漆菊花茶杯》写成以后，再传做菊瓣式钟、碗则要求内底和盖里务必刻诗，诗堂圆光做黑漆地刻字填金。

8.“卢葵生造”百宝嵌雄鸡图长方形漆砂砚盒

“卢葵生造”百宝嵌雄鸡图长方形漆砂砚盒（图2-4-8），清道光，高5.7厘米，口长22.6厘米，宽15厘米。现珍藏于北京故宫博物院。

图2-4-8“卢葵生造”百宝嵌雄鸡图长方形漆砂砚盒

砚盒漆砂地，盖面用岫岩玉、螺钿、红珊瑚、绿松石、象牙、玳瑁等嵌出山石、菊花、雄鸡等图饰。画面清新简洁，富有生趣。选料制作均极其精细。内附漆砂砚一方，外底中心有红漆篆书“卢葵生制”四字方印。

顾千里《漆砂砚记》中赞卢氏漆砚：“有发墨之乐，无杀笔之苦，庶与彼二上品（端砚、澄泥砚）媲美矣！”故当时仿制者甚多，以至卢葵生不得不在砚匣内夹入防伪单。他在防伪单中说：“其砂全以沙漆，制法得宜，方能传久下墨。”并指斥仿制者“假冒不得其法”。卢葵生的传世作品以各式漆砂砚和砚盒、文具盒为多。

五、任务评价

请在符合自己实际情况的框格内打“√”，数字越大代表符合程度越高，见表2-4-1。

表2-4-1 任务评价表

评价维度	评价内容	自评等级				
		1	2	3	4	5
学习主动性	能主动地开展漆器知识的学习					
认知能力	能指出前文所述漆器的艺术特点和制作方法					
拓展能力	能收集和整理其他漆器的相关信息，不断拓展专业知识面					
团队协作能力	能参与团队合作，组织协调能力强					

项目三

认识汉字书法

【项目介绍】

书法艺术是中华民族的文化瑰宝。书法是在写字的基础上，经过艺术沉淀和提升才得以形成的一种独特的汉字艺术形式。在发挥书写技法的基础上抒情达意，融入主体的情感与学识涵养，在字的用笔、结体、章法等外在形式之外，流露出内在的意趣、气韵、法度，给人以流动、和谐、自然的艺术美感。

书法艺术历史悠久，内涵丰富，博大精深，人们在书法中可以得到审美的享受、思想的启迪、心灵的静谧。中国人把汉字书写升华成为艺术，这在世界上是独一无二的。

本项目紧密结合书法字体的演变，以历史朝代更迭为线索，以历史文献为主，辅之以经典传世作品，深入浅出地讲述书法的发展历史。

【项目目标】

一、知识目标

1.了解书法艺术的概念。

2.了解书法艺术在不同时期的风格、特点。

二、技能目标

1.能描述不同字体的书法特点。

2.能描摹不同风格的字体。

三、情感目标

1.培养审美能力及艺术欣赏力。

2.关心生活，感受生活中的细节和美。

3.培养融会贯通的能力和独立思考研究的习惯。

4.增强民族自豪感。

任务一 认识古文字书法

中华民族创造出了多种古老的文字。古文字包括甲骨文、金文、小篆等。各种古文字的不断出现，也推动了书法艺术不断向前发展。

一、任务描述

古文字书法历史悠久，博大精深，让我们一起来了解商周时期书法的特点以及给后世带来的影响吧。

二、任务目标

1.了解古文字的特点。

2.能描摹古文字。

三、任务准备

计算机、网络设备、优秀古文字书法作品图片。

四、任务学习

目前公认的最早的成熟汉字是商代的甲骨文（图3-1-1），截至目前发现有15万多片甲骨，4500多个单字，且具备了“六书”的造字方法，距今已有3600多年的历史。

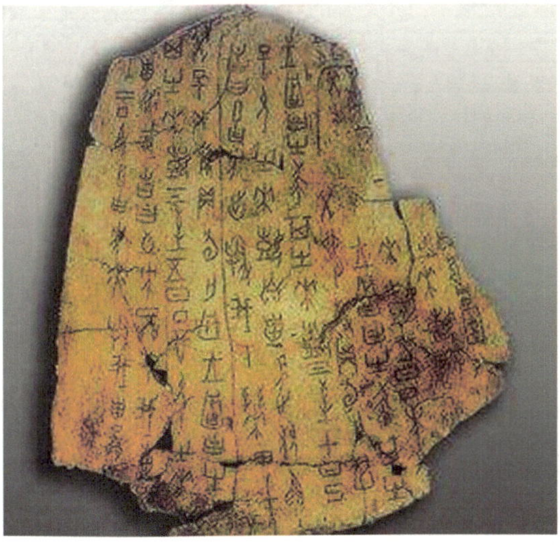

图3-1-1 甲骨文

商代后期至周朝，贵族们把铭功或记事的文字铸在钟鼎等青铜器上，产生了一种新的文字——金文，也叫钟鼎文、铜器铭文。（图3-1-2）

图3-1-2 金文

秦始皇统一六国，命令丞相李斯等人“书同文字”，在秦篆（图3-1-3）的基础上简化出一种新的规范文字——小篆。这种文字字体均匀，线条优美，非常好看但是难写，所以通用的时间不长，但在后来的印章雕刻中却一直沿用至今。（图3-1-4）

从汉字的发展史来看，小篆是汉字史上的一次大统一，是汉字字体演变的第一次大变革，也宣告了古文字的终结。

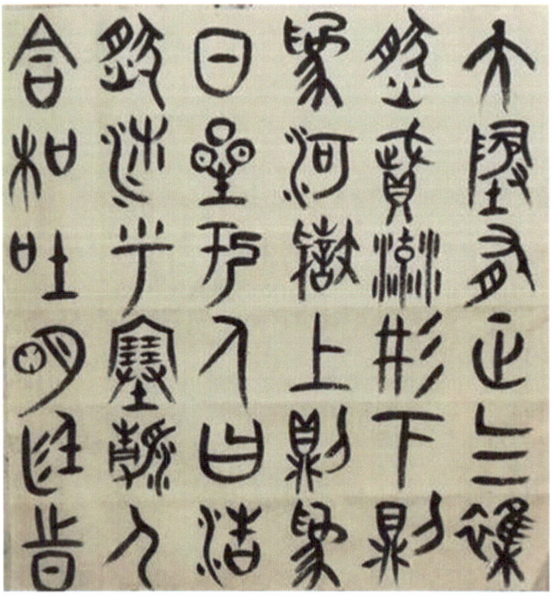

图3-1-3 秦篆

图3-1-4 小篆

五、任务评价

请在符合自己实际情况的框格内打“√”，数字越大代表符合程度越高，见表3-1-1。

表3-1-1 任务评价表

评价维度	评价内容	自评等级				
		1	2	3	4	5
学习主动性	能主动地进行书法练习					
认知能力	能了解古汉字的演变历程					
拓展能力	能描摹古汉字					

任务二 认识今文字书法

今文字包含隶书、草书、楷书和行书。今文字出现了两次大的变革：小篆→隶书；隶书→草书、楷书、行书。

一、任务描述

今文字书法是我们现在经常遇见的书法形式，我们应该认真了解各时期书法的特点以及对后世的影响。

二、任务目标

1.了解今文字的特点。

2.能描摹今文字。

三、任务准备

计算机、网络设备、优秀今文字书法作品图片。

四、任务学习

最早的隶书产生于战国时期，历秦至西汉，称秦隶，又叫古隶。（图3-2-1）

图3-2-1 秦隶

西汉中期至东汉，隶书日渐完善，尤其在东汉，隶书发展为规范又富于艺术性、具有高度审美价值的字体。也就是我们通常所说的汉隶，又叫今隶。（图3-2-2）

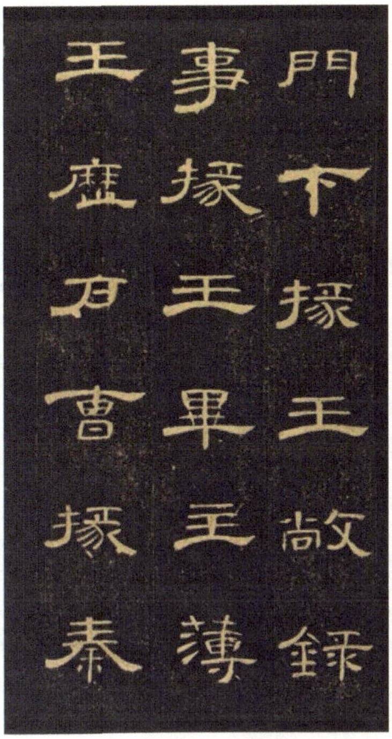

图3-2-2 汉隶

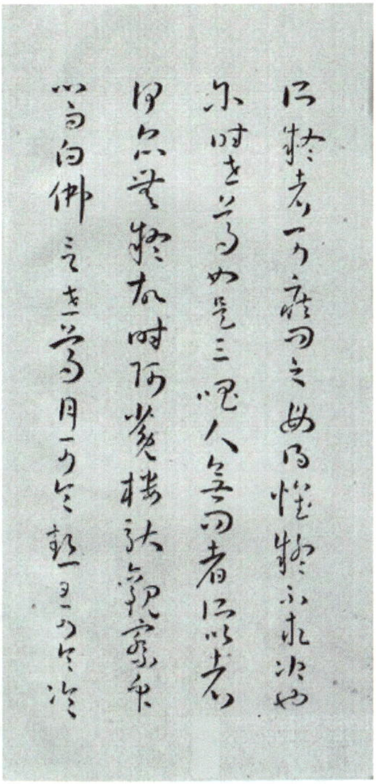

图3-2-3 章草

隶书上承篆书，下开楷行，使汉字由原来的图形性质渐渐突出了线条符号的性质。隶书在我国文字和书法发展史上有着很重要的地位，无论从实用性还是艺术性方面看，隶书的出现都是极其重大的转折，是我国汉字演变过程中的又一次重大变革。

草书起源于汉朝初期，盛于晋唐，分为章草和今草。流行于东汉章帝时的草书叫章草（图3-2-3），晋以后的草书叫今草（图3-2-4）。今草少有实际的应用意义，却有着非常高的艺术价值。

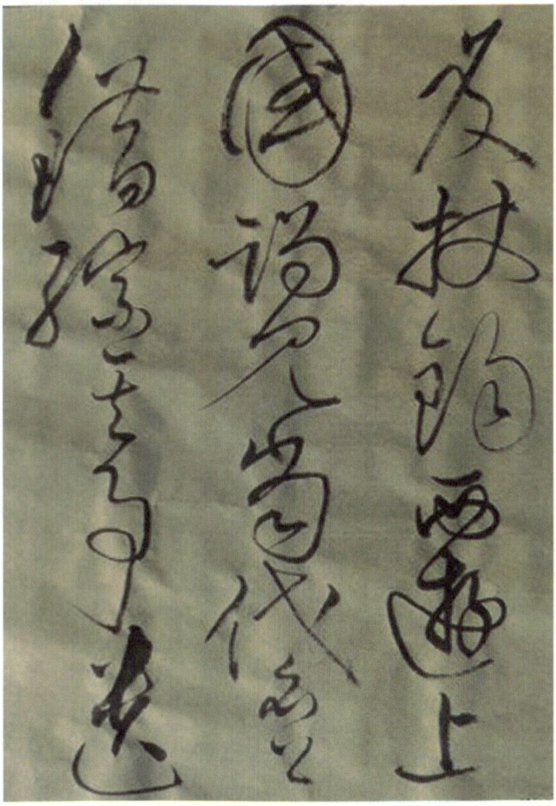

图3-2-4 今草

楷书兴于汉末，是将隶书的扁方改为正方，波磔改为平直，成为一笔一画规规矩矩的字体。楷书又叫正书或真书，便于书写和辨认，较其他的字体而言有很大的优越性，因而一直沿用至今，成为标准的字体。（图3-2-5至图3-2-10）

图3-2-5 楷书

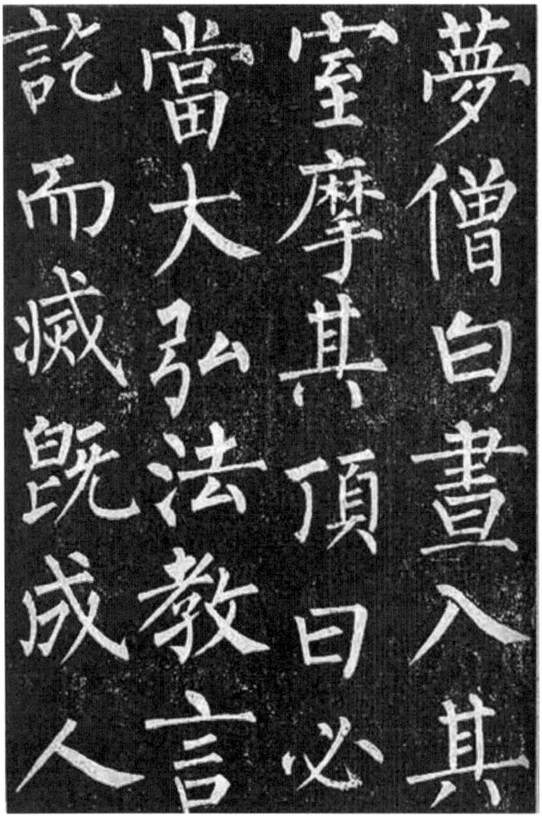

图3-2-6 柳公权楷书

图3-2-7 颜真卿楷书1

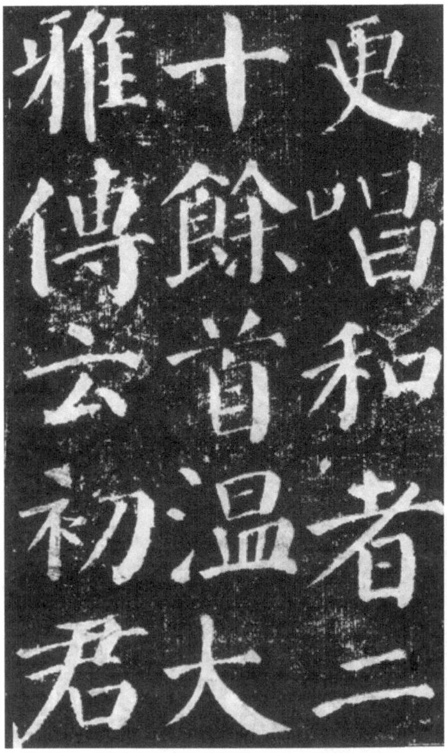

图3-2-8 颜真卿楷书2

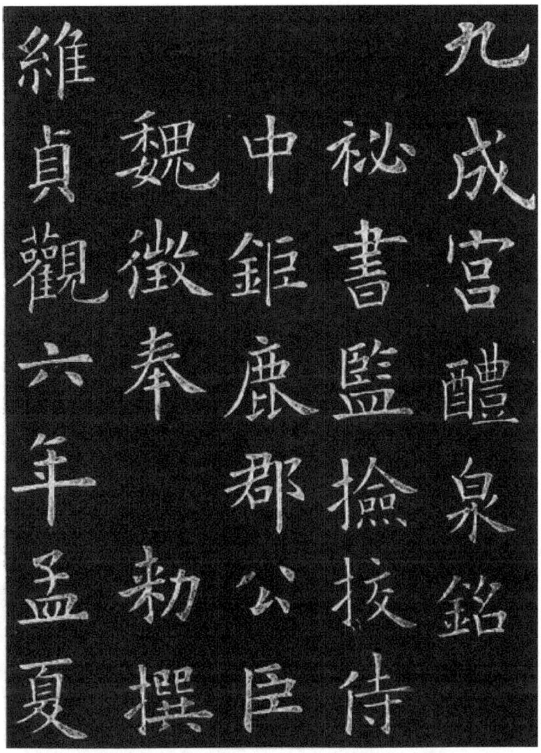

图3-2-9 欧阳询楷书

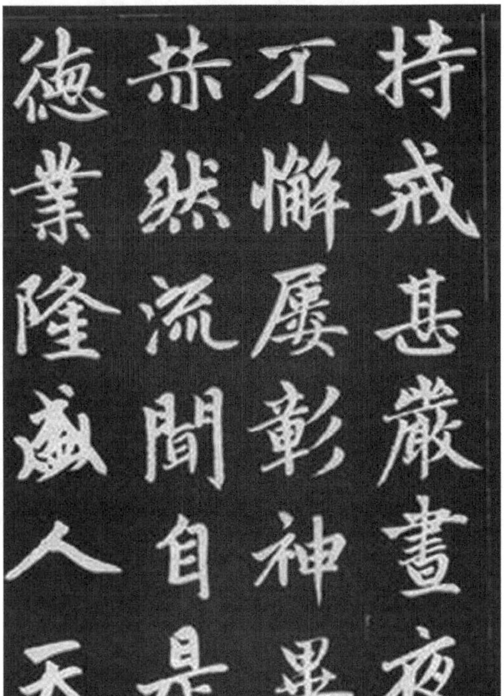

图3-2-10 赵孟𫖯楷书

魏碑是由隶书向楷书发展的过程中出现的一种过渡字体，主要是指魏晋南北朝时期北朝的石刻书法艺术，属于楷书范畴(图3-2-11)。魏碑和晋朝楷书、唐朝楷书并称三大楷书。

图3-2-11 魏碑

行书是把楷书加以简化，兼采草书的笔法，却又介于草书和楷书之间的字体。书写行书时，规范一点接近楷书的叫行楷（图3-2-12），奔放一点接近草书的叫行草（图3-2-13）。

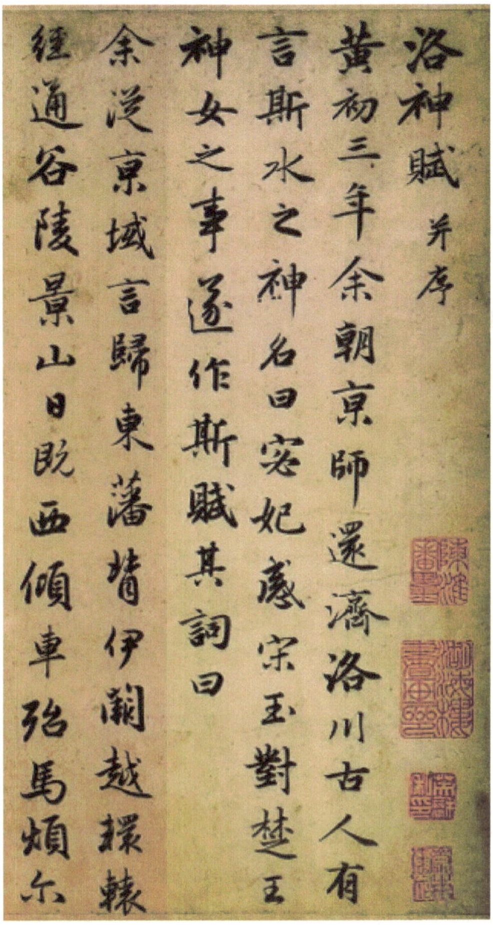

图3-2-12 行楷

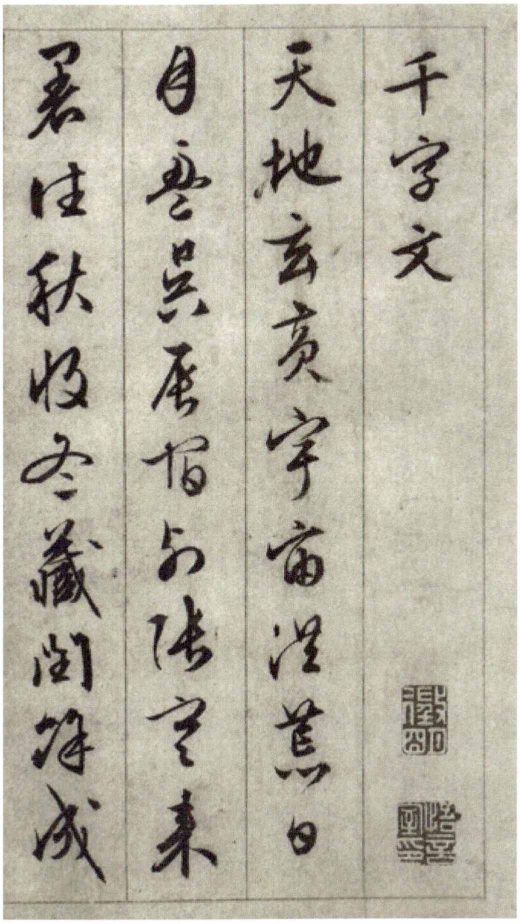

图3-2-13 行草

五、任务评价

请在符合自己实际情况的框格内打“√”，数字越大代表符合程度越高，见表3-2-1。

表3-2-1 任务评价表

评价维度	评价内容	自评等级				
		1	2	3	4	5
学习主动性	能主动地进行书法练习					
学习能力	掌握楷书的特点，用楷书书写汉字					
拓展能力	能以楷书为基础，书写汉字其他字体					
团队协作能力	能参与团队合作，完成作品					

项目四

了解中国民族音乐

【项目介绍】

中国民族音乐源远流长、博大精深，具有丰富的文化内涵和精神气质，是中国传统文化的载体和象征，是我国音乐领域的艺术瑰宝。中国民族音乐历经千年的创造、积累、加工、提炼，成为一门独特而又绚丽多姿的民族文化艺术，包括传统民歌、戏曲音乐、民族器乐等艺术形式。

本项目将以民族歌曲的起源与种类、戏曲音乐的产生与发展、民族器乐的种类与特点等为代表，阐述中国民族音乐的内涵、特点、价值和地位，深入浅出地讲述中国民族音乐的发展过程。

【项目目标】

一、知识目标

1.了解中国民歌的起源和种类。

2.了解中国戏曲音乐的产生和发展。

3.了解中国民族器乐的种类和特点。

二、技能目标

1.能根据民歌特点，区分民歌的种类。

2.能根据戏剧的唱腔特点，区分戏曲的种类。

3.能认识民族乐器。

三、情感目标

1.陶冶艺术情操，培养审美能力。

2.振奋民族精神，增强民族自信心和自豪感。

3.体会中国传统文化的博大精深，激发兴趣，弘扬、传承民族文化。

任务一 认识中国民歌

民歌是人们在社会实践中为表情达意而口头创作的一种歌曲形式，通过口传心授在群众中世代相传并不断得到提炼，具有集体创作和不断演化的特点。民歌的音乐语言简明凝练，音乐形象鲜明生动，短小精悍，易于传唱，具有鲜明的民族特征和地方色彩。民歌源于生活，反过来又对人们的生活产生深刻影响。

一、任务描述

民歌是民族文化的精粹，集中体现了一个民族的精神、气质、性格、心理、风土人情和审美情趣等。让我们一起来了解中国民歌的起源和种类吧。

二、任务目标

1.了解民歌的起源。

2.了解民歌的类型与特点。

三、任务准备

课件、电脑、网络设备、中国民歌音频资料。

四、任务学习

（一）感知与体验

1.民歌的起源

民歌的起源是民族音乐学家和人类学家极感兴趣的课题，有人曾提出过多种假说，如劳动说、情动说、本性说、神说、情爱说、鸣响说等。

中国民族音乐界一般认为，民歌起源于人类的劳动与生活。远古时代，人类处于原始的渔猎时期，在和大自然的搏斗以及集体劳动中发出的呐喊声，劳动之余，愉快地回忆并模仿劳动情景，手舞足蹈地敲击石块、木棒，发出的欢呼声和讴歌声……这些逐渐形成早期的民歌。在生产力不断进步、生产关系不断发展的历史进程中，民歌伴随着历史的步伐，反映各个时期的社会政治以及人们的生产劳动、生活风貌和思想感情，其艺术形式也日渐丰富。

2.汉族民歌

汉族民歌浩如烟海，其分类方式有很多。若按艺术特征上的差异，一般可以将汉族民歌分为劳动号子、山歌、小调三种基本类型。

(1) 劳动号子。

劳动号子是汉族人民在生产劳动过程中伴随体力劳动而唱出的民歌。它产生于劳动，又直接服务于劳动，起着组织劳动、鼓舞劳动情绪和调节劳动者精力的作用。

传统的汉族劳动号子多种多样，一般按工种的不同分为五类：搬运号子、工程号子、农事号子、船渔号子和作坊号子。劳动号子的歌词多数和劳动有关，在集体劳动中由领唱者即兴编词，以提醒劳动的注意事项和质量要求，或鼓舞劳动者情绪，有的直接反映了劳动者当时的心态。劳动强度稍轻的号子所唱歌词有时与劳动无关，而是历史传说、民间故事、生活片段、说笑逗趣等内容。

劳动号子的歌唱形式视劳动者的多少和劳动是否具有协作性，可采用独唱、对唱、齐唱、一领众和等形式。其中，一领众和的形式最富有特色，也最能体现集体劳动的特点。在一领众和号子中，领唱者就是集体劳动的组织者与指挥者，由其唱正词（又称实词，即有实际内涵的歌词）发号令，所唱曲调和节奏蕴含一定变化；和唱由全体劳动者担任，一般不唱实词，仅唱与劳动节奏相应的呼号声，节奏比较规律，曲调少变而多重复。领唱与和唱的结合方式视劳动的紧张程度而异：在节奏舒缓的劳动中，常采用段接式（领唱与和唱相连，构成一个乐段）；在节奏紧张的劳动中，领唱与和唱配合紧凑，采用句接式（领唱与和唱相连，构成一个乐句）或密接式（领唱与和唱相连，构成一系列短句或乐句，如《打夯号子》和《见滩号子》）；在最为紧张激烈的劳动中，领唱与和唱重叠形成两个或两个以上声部的多声部合唱，如《川江船夫号子》中的《上滩号子》和《拼命号子》。

(2) 山歌。

山歌是汉族人民在山野劳动、生活中为自由抒发感情而唱的抒情性民歌。山歌演唱的内容较为广泛，各类题材都有，主要包含社会性内容和生活性内容。

社会性内容直接反映阶级矛盾和政治斗争，如陕北《脚夫调》反映了劳动人民对阶级压迫和不公平社会制度的控诉，《红军干部好作风》抒发了人们对人民军队以及革命领袖的深厚感情。

生活性内容反映爱情生活、家庭生活、劳动生活等，其中反映爱情生活的山歌数量最多。这类山歌的音乐特点为：声调高亢、嘹亮、悠长、质朴，喜用与呼唤性衬词（如啊、吧、唉、哟……）相配合的自由延长音，以充分抒发感情；节奏自由，较为接近自然语言；结构较为短小，歌词常为即兴创作。

(3) 小调。

小调又称小曲，是人们在劳动之余、日常生活以及婚丧节庆中用以抒发情怀、娱乐消遣的民歌。小调往往经过职业或半职业民间艺人的加工提炼并广为传唱，较少受到地域的限制，其内容广泛，涉及各阶层人民的日常家庭和社会生活，包括社会矛盾、爱情故事、神话传说、新闻时事、嬉游逗趣、风土人情等内容，是我国民间艺术的重要组成部分，也是广大劳动人民真实生活的写照。著名的小调有江苏小调《孟姜女》、山西小调《绣荷包》等。

小调的音乐特点主要体现在：旋律优美流畅，内容表达婉转曲折。编唱者想说的话或欲表达的思想和感情等，通常不像号子和山歌那样直截了当地唱出来，而是往往寄寓于山水名胜、古人事迹或历史故事等表达出来。

3.少数民族民歌

我国是一个拥有五十六个民族的多民族国家。在悠久的历史长河中，各族人民共同创造了灿烂的文化财富，其中就包括丰富多彩的音乐文化。由于我国各民族在语言、地理、历史、政治、经济以及文化习俗、生活风貌、劳动方式等方面存在不少的差异，使得各民族的传统音乐文化各具特色、绚丽多彩。

(1) 蒙古族民歌。

我国蒙古族主要聚居在内蒙古自治区。蒙古族世代居住在大草原上，过去主要以游牧为生，现在仍以畜牧业为主。该民族的人民性格豪放、直爽，具有大草原般辽阔宽广的胸怀，其民歌也较为鲜明地体现出这一民族气质和性格特征，如长调。蒙古族的长调是流行于内蒙古牧区的蒙古族民歌的一种，其音乐特点是：曲调悠长，节奏自由，尾音拖长，情绪热烈奔放，旋律富于装饰，常采用真假声并用的演唱方法，具有浓郁的草原气息。为人熟知的长调有《牧歌》等。

(2) 回族民歌。

在我国甘肃、青海、宁夏广大地区，生活着回、汉等多民族人民，他们共同创造了一种具有浓郁地方特色的山歌形式——“花儿”，其音乐高亢、悠长、爽朗，民族风格和地方特色鲜明。主要以汉语进行传唱，其中以回族人民的传唱最为广泛。花儿又名少年，因歌词中将青年女子比喻为花儿而得名。

花儿一般分为三种：河湟花儿、洮岷花儿和陇中花儿。花儿的曲调被当地人称作“令”，如河洲令、土族令、尕马儿令和脚户令等。令有一百种左右，大体可分为长调子和短调子两大类。长调子的曲调高亢悠长，多用尖音（假声）或尖音与苍音（真声）结合演唱；短调子的曲调短小平和，多用苍音演唱。令的结构主要为两句及各种扩展形式。经典花儿民歌有青海民歌《上去高山望平川》等。

（3）朝鲜族民歌。

朝鲜族主要居住在我国东北三省，位于长白山和图们江边的吉林延边朝鲜族自治州是朝鲜族的主要聚居地。美丽富饶的长白山纵贯延边全境，林海苍苍，使得当地农林产品十分丰富，盛产人参、貂皮、鹿茸等珍贵特产。

朝鲜族人民性格爽朗、活泼，富有幽默感，而且能歌善舞。以朝鲜族民歌《道拉吉》为例。道拉吉是朝鲜族人民爱吃的一种野菜，不仅能做各种美味佳肴，还可以用作止咳药。《道拉吉》这首民歌反映了朝鲜族姑娘在山野间采集道拉吉时渴望得到幸福的愉快心情。姑娘们一边哼着小调采野菜，一边暗自思忖：即使道拉吉采得不多，在这么美好的天气里，能遇见心仪的爱人也不错呀！唱着，想着，一片红云悄悄爬上姑娘的脸颊。

（4）哈萨克族民歌。

哈萨克族主要居住在新疆天山和阿尔泰山山麓水草丰美的牧场上，大多从事畜牧业，少数经营农业。哈萨克族是个酷爱歌唱的民族，歌声和马背一样，伴随着人们的一生。由于哈萨克族游牧生活的特点和人民粗犷豪爽的性格，哈萨克族民歌音调高亢嘹亮，喜用呼唤性音调，富有草原风味，节奏自由；节拍以2/4、3/4拍子最为常见，调式音阶以七声为多；主要的伴奏乐器是弹拨乐器冬不拉。代表作品有《玛依拉》《我要欢笑》等。

（二）欣赏与探究

《川江船夫号子》（劳动号子代表作品）

川江自古多险滩。行船时每遇险滩，就只能靠纤夫拉过去。当年，河上百舸争流，煤、木材、农副产品和日用品全靠船只运进运出，纤夫在其中起着关键性的作用。他们曲着身子，背着缰绳，一瘸一拐地往前迈。在滴水成冰的寒冬腊月，船只一旦搁了浅，就会看到岸边纤夫一个个排列整齐地背着缰绳，发出惊天动地的吆喝……河风裹着冰雪阵阵狂舞，境况之艰难是常人难以想象的，而纤夫却习以为常、处之泰然。如图4-1-1所示。

图4-1-1
川江航道纤夫艰难逆流而上
（图片来源于《川江往事》）

伴随着长期的艰苦劳动，川江上的纤夫在劳动中呼喊的腔调，时而舒缓悠扬，时而紧促高昂，时而雄壮浑厚、大气磅礴、震撼人心，逐渐成为一种传统的民间歌唱形式。艺术来源于生活，这种在劳动生活中产生的艺术形式，表现出劳动者们迎难而上、团结协作、勇于攀登的顽强精神，这种精神也是新时代人们同样需要的民族精神。随着历史的发展和社会的进步，机动船只取代了人力拉纤，关于川江纤夫的记忆只留在了川江号子的歌声里。

《川江船夫号子》是四川嘉陵江上的船工在劳动中唱的歌曲，由《平水号子》（三首）、《见滩号子》、《上滩号子》、《拼命号子》（两首）、《下滩号子》八首不同的号子连缀而成，是一个既协调统一又富于变化的大型号子连套。歌曲的旋律由缓慢悠扬到高亢激昂，音乐起伏相当大。

在这八首号子中，《平水号子》是船只航行在风平浪静的江面上时所唱，连说带唱，速度较慢，曲调也比较悠长舒缓，节奏从容，领唱与和唱交替进行，音乐略带川剧高腔韵味；《上滩号子》是船已进入险滩，船工们奋力与江水搏斗时所唱，此时领与和完全以密接式和重叠式的形式进行，音调简单，节奏突出，气氛更加紧张；《下滩号子》是船只闯过险滩后所唱，此时一切都恢复了平静，船夫们长长地松了一口气，于是又唱起了悠长舒缓的号子，伴随着船只慢慢驶向远方。

五、任务评价

请在符合自己实际情况的框格内打“√”，数字越大代表符合程度越高，见表4-1-1。

表4-1-1 任务评价表

评价维度	评价内容	自评等级				
		1	2	3	4	5
学习主动性	能主动地学习中国民歌					
认知能力	能指出不同地区民歌的特点					
拓展能力	能体会不同民歌所表达的情感					
团队协作能力	能在民歌赏析活动中，主动参与团队协作，相互探讨					

任务二 认识中国戏曲音乐

戏曲是一门综合了文学、音乐、舞蹈等多种表现形式的中国传统艺术。在戏曲中，音乐起着重要的作用。中国的戏曲音乐形成和成熟较晚，是建立在其他类别的民族音乐基础之上的。可以说，戏曲音乐是集中国民族音乐之大成者。

一、任务描述

了解什么是戏曲、戏曲的种类以及其他相关音乐知识。在对戏曲音乐主要特点进行描述的基础上，进一步介绍若干为广大群众所熟知的主要剧种，以增进同学们对戏曲音乐的感受和理解。让我们一起近距离了解中国戏曲音乐的魅力吧。

二、任务目标

1.了解戏曲音乐的唱腔特点。

2.了解各剧种的发展概况。

三、任务准备

课件、电脑、网络设备、中国戏曲音乐音频资料。

四、任务学习

（一）感知与体验

1.戏曲音乐的特点

戏曲音乐一般包含三个部分：念白、器乐和唱腔。“唱、念、做、打”是戏曲表演的四种艺术手段，也是戏曲演员的四种基本功，常被称为“四功”。

（1）念白之所以也算作戏曲音乐，是因为它不同于普通的语言，是对语言进行了复杂的艺术加工。它张弛有度，充满了节奏性；它抑扬起伏，充满了歌唱性。念白的这种音乐性常常为唱腔在节奏、音调和情绪上做了很好的铺垫。

（2）器乐不仅为唱腔伴奏，为舞台表演配乐，而且还常常单独演奏，用以渲染气氛、描绘场景、刻画人物。器乐分为文场和武场两种。文场以丝竹乐为主，伴奏乐器因乐种而异，如昆腔以曲笛为主，梆子戏以板胡为主，京剧以京胡为主；武场以打击乐为主，主要用于舞蹈、武打或技巧性场面，也用以烘托情绪、渲染气氛、制造戏剧效果。戏曲使用的锣鼓则具有统一全剧表演节奏的功能。

(3) 唱腔是戏曲音乐的核心及主要表现手段，具有抒情性、叙述性、戏剧性等特性，能够表现复杂的戏剧场面和情节，刻画生动的人物形象和细致的心理活动、思想感情。唱腔决定了一个剧种的风格特点，每个剧种都有自己独特的唱腔。戏曲唱腔有行当的划分，以角色的性别、身份、性格等为依据，在演唱特征上有不同的表现。不同的剧种对不同的行当在音乐的表现上有不同的要求，如京剧的行当有生（老生、武生、小生、娃娃生）、旦（正旦、花旦、刀马旦、武旦、老旦等）、净（正净、副净、武净等）、末（专司引戏职能）、丑（文丑、武丑）之分。

2.剧种分类

中国戏曲音乐的剧种数量繁多，据不完全统计，全国目前共有360余种。不同剧种的唱腔各具姿态、各有千秋。深入每一个剧种，我们都会发现那里是一个烟波浩渺、异彩纷呈的艺术海洋，都有说不完道不尽的精美与奇妙。本任务介绍几个为广大群众所熟知的主要剧种。

(1) 京剧。

京剧被国人誉为“国剧”，可见其影响之深远广大。关于京剧的形成有多种说法，其中比较通行的是：清乾隆五十五年（公元1790年），四大徽班陆续在北京开始演出。嘉庆、道光年间，与来自湖北的汉调艺人相互合作、相互影响，并接受昆曲、秦腔的部分曲调和表演方法，同时吸收了一些民间曲调，逐渐融合、演变、发展成为京剧。可见，京剧是在清代地方戏高度繁荣的基础上产生的。同治、光绪年间，出现了名列“同光十三绝”的第一代京剧表演艺术家及不同流派的宗师，标志着京剧艺术的成熟与兴盛。此后，京剧向全国发展，特别是在上海、天津，京剧成为具有广泛影响力的剧种，将中国的戏曲艺术推到一个新的高度。京剧的代表作品有《霸王别姬》《智取威虎山》等。

京剧唱腔属于板腔体，其主要声腔是西皮和二黄，同时也吸收了四平调、高拨子、南梆子、昆曲以及柳枝腔、银纽丝、南锣等曲牌小调，艺术表现力极其丰富。在京剧的唱腔中，使用最多、腔调发展和演唱成就最高的是西皮和二黄，所以京剧也叫“皮黄戏”。

西皮最古老的源头，应该是陕西一带的秦腔。秦腔流入湖北襄阳一带后，与当地的楚调相结合，同时参酌安徽石牌传来的“吹腔”（也是受秦腔影响而形成的一种腔调），就成为襄阳腔。襄阳腔在运用中进一步发展，便成为西皮腔。

二黄的前身可能是宜黄腔。宜黄腔是由浙江的海盐腔传到江西宜黄后，受当地民间音乐及弋阳腔的影响而形成的。宜黄腔后来又传入浙江、安徽、湖北等地，经过各地艺人特别是安徽艺人的不断创造，遂成为二黄腔。

在京剧发展的不同阶段，各流派呈现出不同的艺术特征。京剧流派主要表现在演员的表演艺术风格和艺术特点上，并且这种风格特点得到师承和传播。当时，京剧男旦艺术史上出现了梅、尚、程、荀四大名旦，让整个京剧的发展步入了巅峰时期，是京剧走向兴盛的重要标志。

(2) 川剧。

古代戏曲的四大声腔于明清之际形成后，在清代中叶通过各种渠道先后传入四川。之后，这些声腔改用四川方言演唱，又吸收了四川民间音乐（如田秧山歌等）的音调，再加入四川灯戏的声腔，并用特有的锣鼓伴奏，逐渐形成了集五种声腔于一身、具有浓郁四川地方风格的川剧。川剧的代表作品有《西厢记》《碧玉簪》等。

在川剧的五种声腔中，最有特色的是高腔，其拥有的剧目约占全部川剧剧目的70%；其次是弹戏（川梆子）和胡琴戏（皮黄戏）；昆腔戏和灯戏较少。川剧高腔由弋阳腔演变而来，它保留了弋阳腔不用丝竹乐、仅用打击乐伴奏并采取人声帮腔的特点，唱、帮、打相结合。川剧高腔属于曲牌连缀体，共拥有约500支曲牌，常用的有近200支。每支曲牌一般由帮腔和唱腔组成，结构可分成三部分：起腔部分、中间部分、结尾部分。川剧高腔的帮腔具有独特的表现作用，除用以重复、强调领唱者的唱腔、加强舞台气氛的渲染外，还可以表现剧中人物的心理活动、唱出潜台词，运用自如，非常具有特色。

(3) 秦腔。

在中国的戏曲大家庭中，秦腔是最为古老的剧种。它历史悠久，源远流长。关于秦腔产生的确切年代，目前尚无定论。一般认为，秦腔的成熟大致在明代后期，因为它的一大突出特点是用两根硬木梆子击节（打拍子），故俗称为“梆子腔”。它不仅是河南梆子（豫剧）、山西梆子（晋剧）等各路梆子戏的鼻祖，还是我国国剧——京剧的一大形成源头。后来，随着梆子戏在各地流衍分化，秦腔的含义已渐趋狭窄，主要指活跃在陕西、甘肃等西北地区的梆子戏。

秦腔音乐的特点是慷慨激昂、高亢嘹亮。女声唱腔柔婉沉稳，男声唱腔刚健凝重。虽然也有表现欢快情绪的音乐色彩，但沉郁苍凉是秦腔音乐给人留下的最深刻印象，非常适合表现西北地区劳动人民那种粗犷豪放而又淳朴坚韧的精神风貌。

秦腔分为两种声腔体系，即欢音腔与苦音腔，这两类声腔在调式、色彩、旋律及表现力方面有着明显的差异。特别是苦音腔，它是秦腔有别于其他剧种的最有特色的一种声腔，它的音调深沉、浑厚、高亢、激昂，长于表现悲哀、怀念、伤痛、凄凉的感情。欢音腔则显得欢快、明朗、刚健有力，长于表现喜悦、轻快、欢腾、爽朗的感情。根据戏剧情节和人物情感的需要，两类声腔可以独立运用，也可以互相转换、交替运用。秦腔的代表作品有《周仁回府》《火焰驹》《大登殿》等。

如今，秦腔在广大的西北地区仍然深受人民群众喜爱。在辽阔的西北大地上，到处都能听到古老而又具有现代气息的秦腔音乐。秦腔不仅在陕西“热”，在甘、宁、青、新等省区也有广泛的群众基础。

（二）欣赏与探究

1. 了解京剧“梅派”代表人物——梅兰芳

图4-2-1 梅兰芳

图4-2-2 京剧《贵妃醉酒》剧照

图4-2-3 京剧《霸王别姬》剧照

梅兰芳（1894—1961）（图4-2-1），名澜，又名鹤鸣，字畹华、浣华，别署缀玉轩主人，艺名兰芳。江苏泰州人，1894年生于北京，出生于京剧世家，10岁登台在北京广和楼演出《天仙配》，工花旦。他综合了青衣、花旦、刀马旦的表演方式，创造了醇厚流丽的唱腔，形成独具一格的梅派。梅兰芳所创造的京剧梅派艺术，不仅是中国京剧与中国戏曲艺术的高峰，还位列世界戏剧三大表演体系之一。

梅兰芳的唱腔醇厚流丽，感情丰富而含蓄。在每一出戏中，他都会结合剧情内容和人物情感的需求，设计出大量新的唱腔。梅兰芳善于运用歌唱、念白、表情、身段、舞蹈等技艺，把人物的心理状态刻画得细致入微。他的表演艺术质朴中见华贵，端庄中含俏丽，淑静中蕴情致，妩媚中显大方。梅兰芳集京剧旦角艺术的大成，综合青衣、花旦、刀马旦的表演特点，创造出自己特有的表演形式和唱腔，被称为梅派大师。

梅兰芳的一生，体现了不断革新、精益求精的敬业精神。他将诸多艺术领域的创作思想融入京剧舞台表演之中，使京剧旦行的唱腔、表演艺术臻于化境，形成了独特的艺术风格，在旦行中影响深远。著有《梅兰芳文集》《梅兰芳演出剧本选》《舞台生活四十年》等。代表剧目有《贵妃醉酒》（图4-2-2）、《霸王别姬》（图4-2-3）等，先后培养、教授学生100多人。

京剧《贵妃醉酒》是一出载歌载舞的单折戏，是梅派的经典剧目之一，又名《百花亭》。《贵妃醉酒》从清代盛行的弦索调改为汉剧，又改为京剧，1914年在北京演出。《贵妃醉酒》讲的是唐玄宗宠幸杨贵妃。一天，唐玄宗约杨贵妃在百花园赏花，时辰到了，唐玄宗却去了西宫梅妃处。杨贵妃在百花亭久候不至，就闷闷不乐地喝起了酒，不觉沉醉，自怨自艾，悻悻回宫。最早戏中杨贵妃的上场是踩着跷出场的，后被梅兰芳改掉，并精心设计了下腰、扇舞、醉步等各种身段与步法，把杨贵妃演得既美艳娇柔又仪态端庄，以至于梅先生对这出戏也是钟爱有加，他年过花甲时还在北京吉祥戏院演出这出戏，并在数次出国演出中把这出饱含京剧艺术精华的戏献给了世界人民。

2.学唱歌曲《说唱脸谱》（图4-2-4）

曹操

典韦

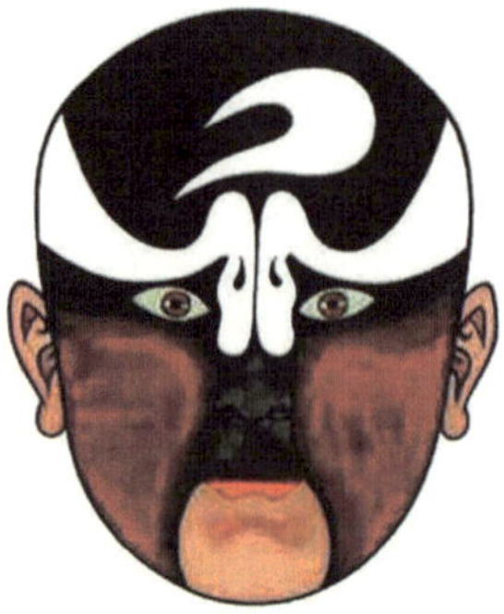

包拯

窦尔敦

张飞

关羽

图4-2-4 人物脸谱形象

五、任务评价

请在符合自己实际情况的框格内打“√”，数字越大代表符合程度越高，见表4-2-1。

表4-2-1 任务评价表

评价维度	评价内容	自评等级				
		1	2	3	4	5
学习主动性	能主动地学习戏剧的相关知识					
认知能力	能指出不同戏曲唱腔的音乐特点					
拓展能力	能体会不同戏曲音乐所表达的情感					
团队协作能力	能在戏曲赏析活动中，主动参与团队协作，相互探讨					

任务三 认识中国民族器乐

中国民族器乐的产生和发展有着悠久的历史，素以品种丰富、独具特色而闻名于世。在长期的历史进程中，先民们从生产劳动和社会实践中，为人类创造了丰富的、有特色的民族乐器和器乐演奏形式，留下了大量的优秀器乐曲目。这些宝贵的民族器乐和其他民族音乐形式一样，伴随着人们的生活，真实地反映着人们的思想感情和审美情趣，在过去、现在乃至将来都是人们精神生活不可缺少的部分。

一、任务描述

让我们一起来学习民族器乐的发展和分类，培养基本的音乐审美及音乐情感吧。

二、任务目标

1.了解民族器乐产生和发展的历史。

2.区分民族器乐的类型。

3.认识具有代表性的民族乐器。

三、任务准备

课件、电脑、网络设备、中国民族器乐音频资料。

四、任务学习

（一）感知与体验

1.民族器乐的产生和发展

早在原始社会，人们在劳动生活中就已经感受到节奏的作用，而在求神祭祀等原始宗教活动中，更产生了强烈的节奏律动的需要。于是，人们手中的生产工具——石块、木块和土块，以及狩猎用的角、弓、兽骨、兽皮、芦苇、竹管等，都成为最初的乐器。从石器时代、铜器时代、铁器时代到养蚕缫丝的时代，生产力不断发展，生产技术不断进步，新的生产工具不断出现，极大地促进了乐器的产生与发展，使其经历了由不定型到定型，由不定音高到固定音高，由单音乐器到旋律乐器，由打击乐器到吹管乐器、丝弦乐器，品种由单一到多样的发展过程。

民族乐器由劳动人民所创造，产生于人们的社会生活实践中，与人们生活的各个方面（如祭祀庆典、民间歌舞等）有着紧密的联系。进入阶级社会以后，乐器的制作愈加精美豪华，规模越来越大。据古文记载，殷商时已有二十多种乐器，其中主要是打击乐器和吹管乐器。《吕氏春秋·侈乐》记载："夏桀、殷纣作为侈乐，大鼓、钟、磬、管、箫之音，以巨为美，以众为观；俶诡殊瑰，耳所未尝闻，目所未尝见，务以相过，不用度量。"除了单个的钟和磬之外，还有三个一组的编钟和编镈，吹乐器则有五孔的埙。

周代见于古书记载的乐器有七十多种，其中包括有固定音高的打击乐器，如簨管乐器笙，弦乐器琴、瑟、筝、筑等。

先秦时期的乐器根据制作不同，可归纳为八类，称为"八音"，其名为金、石、土、革、丝、木、匏、竹。金类乐器如钟、钲；石类乐器如磬、鸣球；土类乐器如埙；革类乐器如鼓；丝类乐器如琴、瑟；木类乐器如柷、敔；匏类乐器如竽、笙；竹类乐器如箫。这一时期，各类乐器见于记载的已有一百多种。

1978年，在湖北省随县出土的曾侯乙墓中发现了大量乐器，其中有编钟六十四件，分三组排列，敲击每一个钟的不同部位，可以发出音高不同的音，其音律与C大调音阶同音列。全套编钟十二律齐备，可以在三个八度范围内构成完整的半音阶。墓中乐器向世人展示了战国初期我国的乐器制作水平和宫廷乐队盛况。

汉朝以后，我国逐渐与边远地区兄弟民族以及中亚、南亚各国建立了联系，在文化交往中吸收了不少外来乐器，如竖箜篌、曲项琵琶、筚篥、横吹、胡笳、羌笛、锣、钹、羯鼓、方响等。

汉魏时期，已有关于独立器乐演奏形式的文献记载，称为"但曲"，是由琴、筝、笙、筑等乐器演奏的乐曲，曲目有《广陵散》等。

隋唐时期，由于与西域文化的进一步交流，乐器数量大增，特别是鼓类乐器获得很大发展。另外，出现了拉弦乐器轧筝和奚琴，开辟了乐器演奏的新领域。琵琶演奏艺术也得到很大发展，如唐代大诗人白居易的名诗《琵琶行》就生动描绘了琵琶演奏的高超技艺和强烈的艺术感染力。

宋代，继奚琴之后，出现了马尾胡琴以及阮、月琴等五十多种弦乐器。

明清时期，各种与民俗活动密切相关的器乐演奏形式遍布全国，类别繁多，如北方的弦索乐，南方的丝竹乐，辽宁、河北、山东等地的鼓吹乐，陕西、广东等地的吹打乐等。同时，与说唱音乐和戏曲音乐的发展相适应，先后出现了板胡、京胡、四胡、坠胡等乐器。明代由波斯传入的扬琴、唢呐等乐器也在我国扎根并发展。

至此，在我国流传使用的民族乐器已达两百多种。按这些乐器的形制、演奏方式、性能和色彩等，可分为吹管乐器、拉弦乐器、弹拨乐器、打击乐器四类，简称“吹、拉、弹、打”。

2.民族乐器的类型

(1) 吹管乐器。

我国吹管乐器大部分属于木管性质，声音较响亮，色彩较鲜明，能够演奏流畅的旋律，在民乐合奏中占有重要地位，常用来演奏主旋律，也可用于独奏。常见的汉族吹管乐器有笛（小笛、梆笛、曲笛）、箫、唢呐、管子，以及各种音高的笙等；常见的少数民族吹管乐器有无膜笛、鹰笛、芦笙、巴乌、葫芦笙等。

各种吹管乐器，依其构造的不同，大体可分为三类：无簧哨的吹管乐器，如横吹的笛和竖吹的箫；带哨的吹管乐器，如管和唢呐；簧管乐器，如笙、芦笙、葫芦笙、巴乌等。

①笛子。

梆笛是我国北方的吹管乐器，形体较短小，音色高亢明亮，重在舌上技巧的运用，长于表现刚健明朗的风格。代表作品有《喜相逢》等。

曲笛主要流传于我国南方的江、浙、闽、粤一带。曲笛形体较长，音色圆润、浑厚、柔和，气息控制细腻，运气绵长不断，音量强时亮而不刚，弱时柔而不涩，常用打音、倚音、震音、连奏等技法，表现气质柔婉深情。代表作品有《鹧鸪飞》等。

②唢呐。

“唢呐”，原是流传于波斯、阿拉伯一带的乐器，明代传入我国，其名称也最早见载于明朝。后经改造，有喇叭、大吹、海笛、小青等类别。

唢呐的音色高亢明亮，穿透力强；音量很大，能与整个乐队抗衡；音乐表现力丰富，强奏时具有热烈红火的气魄，能制造强烈的悲壮气氛，弱奏时具有轻柔的音色，能吹出如歌的旋律，表现高深的技巧。唢呐常用来独奏，或在合奏中担任主奏。代表作品有《百鸟朝凤》等。唢呐深受我国人民喜爱，是民间婚丧庆典以及戏曲、歌舞中不可缺少的乐器，也是民间吹打乐的主力乐器。

(2) 拉弦乐器。

我国的拉弦乐器种类繁多，形制各异，都是在胡琴的基础上发展起来的。常见的拉弦乐器有大小不同的二胡、高胡、中胡、大胡、板胡、京胡、坠胡、四胡、粤胡、革胡等。

拉弦乐器音色柔和优美，长于演奏歌唱性的旋律，技巧复杂细腻，表现力很强，适应性广，因而具有广泛的应用范围，是民族器乐的主要组成部分。

①二胡。

二胡是拉弦乐器中的代表性乐器，其音色柔和优美，演奏技巧多样，表现力丰富。二胡不仅是戏曲、曲艺、民间歌舞和各类民间器乐中不可缺少的主奏、伴奏乐器，还是最常用的独奏乐器。

著名二胡音乐家华彦钧（1893—1950），小名阿炳，江苏无锡人。自幼随其父华清和当道士并学习音乐，从小受到音乐上的严格训练，掌握了二胡、笛子、琵琶、鼓等多种民族乐器的演奏技巧。三十多岁双目失明，后沦为街头流浪艺人，受尽权势欺压，饱尝人间辛酸痛楚。民间音乐的功底奠定了阿炳艺术创造的深厚基础，劳动人民的情感体验则对其艺术创造和风格特点的形成有着重要影响。代表作品有《二泉映月》等。

②马头琴。

马头琴是蒙古族的拉弦乐器，因琴杆上端雕有马头而得名，蒙古语称“潮尔”。琴身木制，长约一米，有两根弦，共鸣箱呈梯形，声音圆润，低回婉转，音量较弱。马头琴的历史悠久，是从唐宋时期的拉弦乐器奚琴发展演变而来的。

马头琴不但是民间艺人和牧民们喜欢的乐器，也在中国和世界乐器家族中占有一席之地。马头琴所演奏的乐曲具有深沉、粗犷、激昂的特点，体现了蒙古族人民的生产、生活风格。经过多年的传承，马头琴也随着时代的发展进行了多项变革，演奏的形式也慢慢发生了变化，从以前呆板的演奏变成了兼顾视觉表现的艺术。代表作品有《赛马》等。

(3) 弹拨乐器。

弹拨乐器是指用手指弹奏，用拨子拨奏，以及用琴扦击弦演奏的弦乐器。

弹拨乐器的种类很多，按照乐器的不同形制和演奏姿势，大体可分为三类：抱弹的弹拨乐器，常见的有琵琶、柳琴、阮、月琴、三弦，以及一些少数民族乐器，如维吾尔族的冬不拉，藏族的扎木聂，侗族的琵琶，彝族的大三弦等；平置弹奏的弹拨乐器，常见的有古琴、筝，朝鲜族的伽倻琴，新疆的卡龙等；打弦乐器，如现代常用的扬琴等。

弹拨乐器的音色大都清脆明亮，长于演奏活泼跳跃的旋律，节奏表现力很强，是民族器乐的重要组成部分。

①古琴。

古琴原称琴、七弦琴，唐宋以来逐渐称为古琴。这是一种古老的乐器。有关古琴的记载最早见于《诗经》《尚书》等文献，如《尚书》中已有“搏拊琴瑟以咏”的记载。早在周代的宫廷音乐活动中，古琴就被用来伴奏歌唱，称为“弦歌”。春秋战国时期，古琴已具有相当的艺术表现力，如《列子·汤问》中所记载的关于伯牙善弹、子期善听的传说：“伯牙善鼓琴，钟子期善听。伯牙鼓琴，志在高山，钟子期曰：‘善哉！峨峨兮若泰山。’志在流水，钟子期曰：‘善哉！洋洋兮若江河。’伯牙所念，钟子期必得之。”可见当时的古琴演奏手法之高深，表现力之丰富。

古琴的形制多样，演奏技巧复杂，既能演奏歌唱性的流畅旋律，也能弹奏双音，还能以独特的音色和演奏拨法模拟流水声响，音色古朴、柔和、清远。代表作品有《高山》《流水》等。

②筝。

筝又称古筝，是我国传统民族弹拨乐器。筝的历史悠久，目前见载最早的文献为汉代司马迁所著《史记》中记载：“夫击瓮叩缶，弹筝搏髀，而歌呼呜呜，快耳目者，真秦之声也。”早在战国时期已有筝在秦国流行，故古代又称其为“秦筝”。可见，筝在我国至少有两千三百多年的历史。代表作品有《渔舟唱晚》等。

③琵琶。

琵琶为弹拨乐器的一种，其名称来源于古代弹拨乐器的两种演奏手法。东汉刘熙的《释名·释乐器》载有：“批把本出于胡中，马上所鼓也。推手前曰批，引手却曰把，象其鼓时，因以为名也。”唐代以后，琵琶由多种弹拨乐器的混称，转变为一件独立乐器的专用名称并沿用至今。一般认为，现在使用的琵琶是在秦末一种叫“弦鼗”的乐器以及东晋时期由波斯传入我国的“曲项琵琶”的基础上演进而来的。

经过长时间的发展，琵琶在演奏技巧和音乐表现力方面获得很大提高，其音色清脆明亮，表现力十分丰富，演奏方法有弹、挑、分、摭、拂、扫、轮指、吟揉等。在传统的琵琶乐曲分类上，根据弹奏速度，可分为慢板乐曲、快板乐曲；在结构方面，可分为小曲和大曲；从表现内容、手法特点以及格调上，可分为武曲和文曲。代表作品有《十面埋伏》等。

(4) 打击乐器。

打击乐器是一种以打、摇动、摩擦、刮等方式发出声音、产生音乐效果的乐器。打击乐器可能是最古老的乐器。

打击乐器的种类非常多，材质有金属的，也有木质的。常见的打击乐器有编钟、木鱼、快板、三角铁，各种锣、鼓、钹、铃等，多为伴奏乐器。有些打击乐器不仅能产生节奏，还能创作出旋律与和声的效果。

①大鼓。

大鼓又称太鼓，是一种在中空的木制圆筒上蒙上一张皮以供打击的乐器。大鼓由鼓身、鼓皮、鼓圈、鼓卡和鼓槌等部分组成。

大鼓属于双面膜鸣乐器，无固定音高，但可控制发音的强弱和变化。用鼓槌敲击发音，随用力的变化可表现不同的音乐情绪。其音色低沉响亮，铿锵有力，用于模仿雷声和炮声恰如其分。古往今来，大鼓一直是我国各族人民非常喜爱的民间乐器。大鼓因流行地域、使用对象的不同，在形制上会有所区别，多用于报时、祭祀、宫廷仪仗、军事、宗教、舞蹈、戏曲、婚丧、节日和民间娱乐等场合中。

②腰鼓。

腰鼓是汉族传统捶击膜鸣乐器之一，形似圆筒，两端略细，中间稍粗，鼓长约34厘米，两面蒙皮。鼓框上有环，用绸带悬挂在腰间，演奏时双手各执鼓槌击奏，并伴有舞蹈动作。腰鼓在民间十分盛行，人们跳着舞变换队形，或行走或在一个场地内边舞边敲。腰鼓也用于民间秧歌。

腰鼓最初流行于陕西，后来在全国传播发展。腰鼓在表演的形式和技巧上变化极为丰富，是一种人民群众喜闻乐见的表演形式。近年来，腰鼓舞已在许多大、中城市兴起，是一种有益身心的业余活动。

（二）欣赏与探究

1.了解打击乐器——曾侯乙编钟

图4-3-1 曾侯乙编钟

战国曾侯乙编钟（图4-3-1）的出土改写了世界音乐史，是中国迄今发现数量最多、保存最好、音律最全、气势最宏伟的一套编钟，代表了中国先秦礼乐文明与青铜铸造技术的最高成就，在考古学、历史学、音乐学、科技史学等多个领域产生了巨大的影响，于2002年1月被国家文物局列入《首批禁止出国（境）展览文物目录》。

曾侯乙编钟高265厘米，宽335厘米，架长748厘米。钟体最大者通高152.3厘米，重203.6千克；最小者通高20.4厘米，重2.4千克。钟体总重2567千克，加上钟架（含挂钩）铜质部分，合计4421.48千克。

曾侯乙编钟的钟架高大，由两堵长短不同的立面垂直相交，呈曲尺形的七根彩绘木梁两端以蟠龙纹铜套加固，由六个佩剑武士形铜柱和八根圆柱承托，构成上、中、下三层。钟架及挂钩（含可以拆装的构件）达246个。

此套编钟共计六十五件，分三层八组悬挂在钟架上：上层三组为钮钟，十九件，立柱是圆木；中层三组为甬钟，三十三件，分短枚、无枚、长枚三式；下层为两组大型长枚甬钟，十二件，另有大镈钟一件。中、下两层的立柱，每层都为三个铜质佩剑武士。钟架可以拆装。钟笋、钟钩、钟体共有铭文三千多字，内容有编号、铭记、标音及乐律。

整套编钟数量之众多、做工之精细、气魄之宏伟，令人惊叹不已，堪称战国时期青铜乐器的巅峰之作，被誉为“国之瑰宝”。从音效上看，编钟所用青铜是以高纯度的铜、锡、铅按一定比例冶炼而成，钟壁厚度、钟的形制的设计，都达到了完美至极、无可挑剔的地步，如此才保证了编钟绝佳的音响效果。全套钟以人、兽、龙、花和几何纹为装饰，采用圆雕、浮雕、阴刻、彩绘等多种技法，以赤、黑、黄诸色映衬青铜本色，庄重肃穆，精美壮观。有学者对曾侯乙墓的出土文物进行了系统的研究，认为曾侯乙编钟是科学技术史上一项最早的复杂系统工程，具有完备的技术体系和丰富的工程技术语言。它不仅是中国古代科技与艺术完美结合的真实写照，而且成为未来科技发展的楷模。

"曾侯乙"是2400年前的一位诸侯国国君，此称呼中"曾"为国名，"侯"为爵名，"乙"为具名。1978年发掘于随州城郊擂鼓墩的曾侯乙墓，是一座战国早期曾国国君墓。这座沉寂2400年左右的地下宫殿，共出土礼器、乐器、漆木器、金玉器、兵器、车马器和竹简1.5万余件，多件文物创世界之最。其中，出土青铜器总量超10吨，共38种134件，是我国出土青铜器数量最多、种类最全的墓葬。曾侯乙墓出土的这些精美文物，表达了中国古代先民对天地、祖先的崇敬以及对美好生活的向往。

2.欣赏器乐合奏曲《彩云追月》

《彩云追月》创作于1935年。乐曲以富有民族色彩的五声性旋律，上五度的自由模进，竖笛、二胡的轮番演奏，弹拨乐器的轻巧节奏，低音乐器的拨弦和吊镲的空旷音色，形象地描绘了浩瀚夜空的迷人景色。

3.女子十二乐坊

女子十二乐坊诞生于2001年6月，是一个将中国传统的乐器组合与现代流行音乐表演形式有机结合的流行艺术团体，以优美的音乐旋律和充满激情的现场表演，拓展了中国民族器乐的欣赏群体，在国内外弘扬了中国的民族音乐。女子十二乐坊使用的乐器主要有古筝、扬琴、琵琶、二胡、竹笛、箫、葫芦丝、独弦琴等。

五、任务评价

请在符合自己实际情况的框格内打"√"，数字越大代表符合程度越高，见表4-3-1。

表4-3-1 任务评价表

评价维度	评价内容	自评等级				
		1	2	3	4	5
学习主动性	能主动地学习中国民族器乐的相关知识					
认知能力	能指出各类乐器的特点					
拓展能力	能收集和整理相关器乐种类的器乐曲，提高审美能力					

项目五

认识舞蹈艺术

【项目介绍】

舞蹈来源于生活，是一种通过人的肢体动作来抒发人物情感、情绪，表达人物性格、突出人物矛盾的艺术。

舞蹈的历史可以追溯到很久以前，据艺术史学家考证，当人类还没有出现语言体系的时候，就是靠自己的肢体动作来表达情感、抒发情绪、传达信息，这也是舞蹈发展的源头。舞蹈的种类非常多，每个舞种都有着自己独特的审美特征，舞蹈与其他艺术形式也有着千丝万缕的联系。作为一种人体艺术，舞蹈具有生命力和青春美的特征。

本项目以历代文献记载、各舞种的分类为线索，介绍舞蹈的基本知识，以及如何鉴别各类舞蹈和如何欣赏舞蹈。

【项目目标】

一、知识目标

1.了解芭蕾舞的种类。

2.了解中国古典舞的特征。

3.了解中国民族民间舞。

4.了解街舞的种类。

二、技能目标

1.能根据动作区分舞蹈的种类。

2.塑造形体美，努力锻炼出优美均匀的肌肉线条。

3.能用自娱的舞蹈来克服各种压力，释放负能量。

4.具有一定的舞蹈审美能力。

三、情感目标

1.提高审美力及舞蹈欣赏力。

2.培养一种健美运动方式。

3.增强民族自豪感。

4.开阔眼界，加强艺术领域的修养。

任务一 认识芭蕾舞

芭蕾舞起源于意大利，兴盛于法国，鼎盛于俄罗斯，是欧洲的古典舞蹈。芭蕾舞最重要的一个特征是女演员表演时穿着特制的芭蕾舞鞋，以脚尖点地翩翩起舞，故又称脚尖舞。其代表作品有《天鹅湖》《仙女》《胡桃夹子》等。芭蕾舞是用舞蹈的艺术形式来表演戏剧情节。

一、任务描述

芭蕾舞在近四百年的历史发展过程中，对世界各国艺术发展影响非常大，传布极广。随着社会的发展，时代的进步，现在的芭蕾舞已经形成了“开、绷、直、立”四大审美原则。让我们一起来了解芭蕾舞的发展历程以及类型吧。

二、任务目标

1.了解芭蕾舞的类型。

2.了解不同类型芭蕾舞的风格特点。

三、任务准备

计算机、网络设备、优秀芭蕾舞表演剧照。

四、任务学习

（一）感知与体验

1.浪漫主义芭蕾

浪漫主义思潮发端于18世纪末和19世纪初的巴黎。现实生活中的战乱和苦难促使艺术家们创造出更多表现神秘莫测的自然境界的作品，在这样的背景下，浪漫主义芭蕾时期成为芭蕾发展史上的“黄金时代”，演员技巧、编导创意以及表演形式都经历了一个灿烂辉煌的阶段。浪漫主义芭蕾的整体特征与法国文化一样，高贵优雅、细致严谨、飘逸灵动、情怀浪漫，具有典型的浪漫主义特征。浪漫主义芭蕾的服饰具有强烈的辨识度，基本都是上半身白色紧身胸衣，下半身多层次薄纱制成的过膝白色或浅色长裙，轻盈飘逸有垂感。

2.古典芭蕾

古典芭蕾是以俄罗斯学派崛起为背景的。所谓“古典芭蕾”，并不是人们通常说的浪漫主义芭蕾之前的“早期芭蕾”，而是浪漫主义芭蕾之后、现代芭蕾之前的特定风格。古典芭蕾浑然天成地带着俄罗斯民族特有的气势恢宏、戏剧性强等特点。当浪漫主义芭蕾大势已去之时，却迎来了古典芭蕾这个整部芭蕾史上的鼎盛时期，这一时期给后人留下的舞蹈作品也较多，其中《天鹅湖》《睡美人》《胡桃夹子》这三大舞剧最具生命力。古典芭蕾舞的服饰比较有代表性，它的舞裙一般是多层硬纱制成的短裙，这是我们印象中最常见的芭蕾舞裙。

3.现代芭蕾

与前两个时期相比，现代芭蕾时期的时间跨度虽然不长，但是这一时期人们的创造力要丰富得多，他们试图在古典芭蕾的基础上注入新时代的观念意识，并通过适度的改革，继承和发展浪漫主义芭蕾时期以来的优秀传统。现代芭蕾逐渐跳出原有的规范性束缚，选材上变得更加自由、形式上更加独特，并借鉴其他舞种进行二度加工形成独有的现代芭蕾艺术。它不仅更考验表演者的肢体能力，还要求他们拥有较强的创造力，更多地将自己内心感受表达出来。现代芭蕾几乎脱离了古典芭蕾的程式规范，服饰以无拘无束、自然舒适为主，动作上更追求肢体的张力和流畅自然。

(二)欣赏与探究

1.舞剧《仙女》

舞剧《仙女》(图5-1-1)是法国浪漫主义芭蕾的处女作，也是芭蕾史上用脚尖起舞的里程碑之作。舞剧讲述了苏格兰年轻的农夫詹姆斯在结婚的前一天晚上遇见了仙女，詹姆斯抵制不住她美貌的诱惑，听信女巫的谗言，用长纱巾缠住仙女的腰部，导致仙女的两个翅膀掉下来，结果仙女和詹姆斯都悲

图5-1-1 浪漫主义芭蕾舞剧《仙女》

惨死去的故事。《仙女》的剧情在现实和非现实中穿插交替，轻柔飘逸和缤纷绚丽的舞蹈，天然、优雅和诗化的风格，无一不洋溢着浪漫主义芭蕾的气息。

2.舞剧《天鹅湖》

芭蕾舞剧《天鹅湖》（图5-1-2）一共分为四幕，作于1876年。剧情为：公主奥吉塔在天鹅湖边被恶魔变成了一只白天鹅。王子齐格费里德在天鹅湖游逛时，发现了白天鹅奥吉塔并爱上了她。王子挑选新娘的时候，恶魔将自己的女儿黑天鹅伪装成白天鹅的样子来欺骗王子。王子发现后，奋击恶魔。白天鹅最后恢复了人形，与王子完美结合。这是一部经典的古典芭蕾舞剧，也是柴可夫斯基所作的第一部舞曲，它给人们带来的心灵触动是无法忘却的，这也让舞剧《天鹅湖》成了不朽名作。

图5-1-2 古典芭蕾舞剧《天鹅湖》

五、任务评价

请在符合自己实际情况的框格内打“✓”，数字越大代表符合程度越高，见表5-1-1。

表5-1-1 任务评价表

评价维度	评价内容	自评等级				
		1	2	3	4	5
学习主动性	能主动地学习芭蕾舞的相关知识					
认知能力	能指出不同类型芭蕾舞的特点					
拓展能力	能体会典型芭蕾舞剧所表达的情感					
团队协作能力	能在芭蕾舞赏析活动中，主动参与团队协作，相互探讨					

任务二 认识中国古典舞

中国古典舞并非古代舞，是一门源于中国舞蹈传统、创建于当代的新的学科，是当代中国的民族舞蹈艺术。它是在中华人民共和国成立后，以传统美学思想为审美原则，以戏曲舞蹈为基础，融合了中国武术中的动态、动势，借鉴和吸收了西方古典芭蕾等外来艺术的某些有益成分，按照舞蹈自身的规律，逐步发展、成熟起来，具有鲜明而浓郁的时代性和民族性的舞种体系。因此，中国古典舞，也可称为“中国新古典舞”。

一、任务描述

中国古典舞如此令人陶醉，让我们一起来了解中国舞蹈艺术的发展历程以及古典舞吧。

二、任务目标

1.了解中国舞蹈艺术的发展历程。

2.了解中国戏曲与中国古典舞的关系。

三、任务准备

计算机、网络设备、优秀中国古典舞作品图片。

四、任务学习

（一）感知与体验

1.中国舞蹈艺术发展历程

(1) 周朝。

周朝从奴隶社会进入封建社会，文化和思想有了很大的进步。从商朝的尊神文化，发展为周朝的尊礼文化。历史上著名的“六舞”都是在这时整理、编排的。“六舞”是礼仪祭祀乐舞，主要是祭祀天神、地神、四方神、山川、祖先等。

(2) 汉朝。

汉朝处于中国封建社会的上升期，经济发达，国力强盛。汉朝是舞蹈艺术蓬勃发展的时期，其中著名的舞蹈表演者赵飞燕就是汉朝人。传说她身轻如燕，能在手掌上起舞，一支《归凤送远之曲》更是深得汉成帝喜爱。传说汉成帝怕大风把赵飞燕吹跑，还特意为赵飞燕修建了“七宝避风台”，可见赵飞燕的舞姿是多么的曼妙轻盈、飘逸灵动。

(3) 唐朝。

唐朝是我国历史上乐舞发展的重要时期。唐朝经济发达、政治稳定、文化交流频繁，为中国舞蹈的发展奠定了良好基础。杨玉环就是唐朝著名的舞蹈表演者，她音乐素养很好，会演奏多种乐器，歌舞尤其出色。据传她除了擅长表演《霓裳羽衣舞》外，跳的胡旋舞也表现了很高的舞蹈技艺。唐代大诗人白居易所写《霓裳羽衣舞歌》记述了这个舞蹈给予他的深刻印象。

2.戏曲舞蹈与古典舞

我国舞蹈史学家王克芬在《中国舞蹈发展史》中指出，我国的戏曲舞蹈是在继承、融合多种艺术形式的基础上发展而成的，而在戏曲的“唱、念、做、打”四种表现形式中，“做、打”基本属于舞蹈的范畴。

“中国古典舞”的叫法虽然是近现代才形成，但是中国古典舞的内涵是十分丰富和悠久的。它是在民间舞蹈、古代舞蹈、戏曲舞蹈的基础上经过提炼、加工后的舞蹈。

(二)欣赏与探究

《霓裳羽衣舞》

《霓裳羽衣舞》(图5-2-1)是唐朝的宫廷乐舞。曲为唐玄宗所作，最初由杨贵妃——杨玉环所舞，是唐朝歌舞的巅峰之作，至今仍是音乐舞蹈史上一颗璀璨的明珠。

图5-2-1《霓裳羽衣舞》

五、任务评价

请在符合自己实际情况的框格内打“√”，数字越大代表符合程度越高，见表5-2-1。

表5-2-1 任务评价表

评价维度	评价内容	自评等级				
		1	2	3	4	5
学习主动性	能主动了解中国古典舞艺术的发展历程					
拓展能力	能收集和整理其他古典舞信息，提高审美能力					
团队协作能力	能在古典舞赏析活动中，主动参与团队协作，相互探讨					

任务三 认识中国民族民间舞

民族民间舞是在特定的生态环境中，各民族人民群众在其生产方式、生活习俗的作用下，创造并发展的肢体动态艺术活动。由于民族个性和地域的差异，不同民族和不同地域的舞蹈具有不同的特征，即形成了不同风格的民间舞蹈，称民族民间舞。

一、任务描述

让我们一起从各民族的生活习俗、地域环境来了解各民族舞蹈的特征吧。

二、任务目标

了解各民族舞蹈的特征。

三、任务准备

计算机、网络设备、优秀中国民族民间舞作品图片。

四、任务学习

1.藏族舞蹈

藏族主要分布在我国西藏自治区、青海省和四川省西部等。它历史悠久，文化积淀深厚，舞蹈形式多样。其中包括“果谐”——人们围着酒缸拉圈起舞，男女各站一边，分班歌唱，从左到右沿圈踏步舞动；“堆谐”——舞者在脚下放一块木板，跳时发出清脆的“嘀嗒”声，头上放一碗水，讲究跳完舞后碗里的水不洒；“弦子舞”——多以拖步、点步转身、晃袖等动作为主，是藏族人民祈愿吉祥幸福的舞蹈。

2.傣族舞蹈

傣族大部分居住在我国云南省西双版纳傣族自治州、德宏傣族景颇族自治州、耿马傣族佤族自治县一带，大多能歌善舞。傣族舞蹈风格浓郁，特点突出。其中包括“嘎光”——傣族最普及的一种群众自娱性舞蹈。舞者合着鼓乐声自由起舞，有规律地上下屈伸、颤动，身体前仰后合，突出傣族舞的“三道弯”“一边顺”的特征动作。“象脚鼓舞”——由男子表演的自娱性舞蹈，特点是表演者背着象脚鼓，击打鼓面并起舞。“孔雀舞”—— 傣族最古老的民间舞，也是傣族人民最喜欢的舞蹈。他们模仿孔雀拖翅、抖翅、展翅、开屏等动作，跳出了丰富多彩、形象生动的舞蹈“语汇”。

3.维吾尔族舞蹈

维吾尔族是历史悠久的古老民族，主要分布在新疆维吾尔自治区天山南北各地。维吾尔族的民间舞蹈包括“赛乃姆”—— 舞姿优美，动作丰富，以扬眉、动目、移颈、耸肩为装饰性动作，使人感到亲切和风趣；“多郎舞”—— 动律特点是“滑冲”和“微颤”，动作缓慢，稳重内敛，豪迈大气，舞蹈始终在富有特色的高亢男声伴唱中进行，是一种极有特色的维吾尔族民间舞蹈；“萨玛舞”—— 舞者为男子，人数不限，人们在音乐中和着节奏围成层层圆圈而舞。

4.蒙古族舞蹈

蒙古族是生活在我国北方的游牧民族，也是能歌善舞的民族。蒙古族的民间舞蹈主要有“安代舞”—— 舞者围成圆圈，右手拿绸巾，随领舞边歌边舞，曲调悠远绵长、婉转缠绵。“筷子舞”—— 是结婚、喜庆节日时，在弦乐声下表演的舞蹈，舞者双手各握一把筷子敲击肩部、腰部、腿部等处，击打时肩部环绕耸动，腕部灵活翻扭，节奏鲜明，情绪热烈。“盅碗舞”—— 舞者双手各拿酒盅一对，用食指和无名指夹住盅子上面的边沿，中指扣住盅内，敲打出规律的响声，双臂伸展，在胸前环绕，舞出动人的姿态。

（二）欣赏与探究

1.藏族舞蹈

藏族舞蹈（图5-3-1）文化源远流长，与汉族舞蹈相互交流，也与周边其他民族和其他国家的舞蹈相互影响，逐渐形成了独具特色的舞蹈服饰、基本步伐、基本动律。

图5-3-1 藏族舞蹈

2.傣族舞蹈

图5-3-2 傣族舞蹈

傣族舞蹈（图5-3-2）具有多姿多彩的舞蹈动作和富有雕塑性的舞姿造型。最典型的舞姿造型是“三道弯”。傣族舞蹈有严格的程式和要求，有固定的步法和位置，甚至每个动作都有固定的鼓乐伴奏。

3.维吾尔族舞蹈

维吾尔族舞蹈（图5-3-3）继承了古代鄂尔浑河流域和天山回鹘族的乐舞传统，同时吸取了古西域乐舞的精华，经加工、发展和提炼，形成了具有多种形式和特殊风格的舞蹈艺术，广泛流传在新疆维吾尔自治区各地。

图5-3-3 维吾尔族舞蹈

4.蒙古族舞蹈

蒙古族的人们性格粗犷、豪迈，他们喜欢驰骋在草原上的骏马，喜爱翱翔于蓝天上的雄鹰，也很爱大雁和天鹅，所以他们将这些动物矫健的形象和美丽的舞蹈动作融合在一起，形成了独有的民间舞特色。蒙古族舞蹈如图5-3-4所示。

图5-3-4 蒙古族舞蹈

五、任务评价

请在符合自己实际情况的框格内打“√”，数字越大代表符合程度越高，见表5-3-1。

表5-3-1 任务评价表

评价维度	评价内容	自评等级				
		1	2	3	4	5
学习主动性	能主动了解介绍的四种中国民族民间舞的特色					
理解能力	能根据动律及服饰特点区分四个民族民间舞					
拓展能力	能收集和整理相关信息，提高审美能力					
团队协作能力	能在民族民间舞赏析活动中，主动参与团队协作，相互探讨					

任务四 认识街舞

街舞原是一种民间舞蹈，起源于撒哈拉以南的非洲，是爵士舞不断发展的产物。它的动作是由各种走、跑、跳组合而成的，并通过头、颈、肩、上肢、躯干等部位的屈伸、转动、环绕、摆震、波浪形扭动等动作连贯组合而成的。

街舞以其自身固有的价值和魅力风靡全世界，它是20世纪80年代传入我国的，在不同层面赛事的大力宣传下，街舞在我国得到了广泛的普及。街舞者们经常组织小型的斗舞比赛（Battle）来角逐出最强的舞者。

一、任务描述

街舞属于一种中低强度的有氧运动，它的动作酷炫随意，最吸引人之处是以全身的活力带来热情澎湃的感觉。经常练习街舞还可增强全身协调性，起到锻炼身体的作用。街舞是不是很炫酷？让我们一起来了解街舞的不同种类及风格吧。

二、任务目标

1.了解街舞的种类及特点。

2.能根据风格区分街舞的类型。

三、任务准备

计算机、网络设备、优秀街舞作品图片。

四、任务学习

（一）感知与体验

1.锁舞(Locking)

锁舞起源于20世纪60年代晚期，是最早成型的街舞舞种。因为舞蹈中“锁”的手势，以及突然“定格”的舞感类似“锁”的感觉，所以称为锁舞。它以快速翻转握拳的手腕、弯曲的手臂、耸动的肩膀为主要动作，以食指定格指向、整体动作的突然停顿为主要特征，经常以拍手、跳跃及劈叉等为其主要技术特点。

2.震感舞(Popping)

震感舞起源于20世纪70年代初，兴起于美国西岸加利福尼亚州的旧金山、奥克兰、弗雷斯诺等地，它的主要运动原理是身体各部位肌肉的控制，舞者通过肌肉迅速收缩与放松使身体形成震动的感觉，从而达到触电般的视觉效果。

3.霹雳舞(Breaking)

霹雳舞起源于20世纪70年代，成型于20世纪80年代，是一种难度较高的街舞舞种，比较重视舞步和技巧的结合，所以最先为国内青少年所喜爱。舞者需要具有较好的力量、柔韧性和协调性。跳这种类型舞蹈的青少年叫作B-Boy/B-Girl。它具有独特的舞步和舞蹈动作，如头转、背顶、旋滚等，而且速度快、姿势优美、难度较大。

4.嘻哈舞(Hip-Hop)

嘻哈舞虽不如霹雳舞那样需要较高的技巧，但更要求舞者具有较好的动作协调性和舞感，以及良好的肢体灵活性和控制力，因此嘻哈舞者同样需要艰苦的练习。它的特色是爆发力强，肢体所呈现的动作较其他舞蹈更夸张，更加有张力、感染力。

5.爵士舞(Jazz)

爵士舞动作的本质是一种自由而纯朴的表现，舞者直接把内心的感受用身体的颤、抖、扭表达出来。就像我们听到喜欢的音乐，能从内心自然地流露出感情，身体就不由自主地随着音乐节奏而活动，如弹响手指，摆首顿足，时而兴奋激烈，时而缓慢优柔地融入音乐之中。它不像古典舞或芭蕾舞是一种内敛性的舞蹈，而是一种充满活力与创造性的个人即兴表演。送胯、甩头、扭腰、身体呈波浪形扭动是爵士舞的主要特点。

(二)欣赏与探究

1.锁舞(图5-4-1)

“锁”(Locking)这个动作来源于一个叫作Rerun的滑稽卡通人物，动作的关键在于手部的旋转与定格。两只手快速甩动，形成独特的舞蹈语汇。动作快而迅速，舞者要有很强的肌

图5-4-1 锁舞

肉控制能力，可以根据音乐节奏让肢体在瞬间停顿。

2.震感舞（图5-4-2）

震感舞最基础的就是震动（Pop），是舞者靠震动自己的肌肉、关节来完成的独特舞蹈律动，并贯通于全身。做震动时，除了做动作的部位，身体的其他部位都完全保持固定，需要舞者有较好的四肢协调能力。

图5-4-2 震感舞

3.霹雳舞（图5-4-3）

霹雳舞一般都是由倒立、地面旋转、扫堂腿、手转、头转等高难度动作组成，需要舞者调节每个地板动作之间的节奏，适用于斗舞，可以增强气氛，在动作方面更有张力和力量感。

图5-4-3 霹雳舞

4.嘻哈舞（图5-4-4）

嘻哈舞融入了很多地方风格，舞者也从中国功夫、雷鬼、锁舞，甚至20世纪70年代的灵魂舞取材，其实就是一种强调身体律动的舞步，非常的随性自然。它需要舞者能充分配合音乐，完成节奏感鲜明的舞蹈动作。

图5-4-4 嘻哈舞

5.爵士舞（图5-4-5）

爵士舞追求愉快、活泼。它能配合爵士音乐表现情感，也借助或模仿了其他舞蹈技巧。比如在步法和动作上，它应用了芭蕾舞的动作位置和原则，踢踏舞技巧的敏捷性，现代舞的收缩与伸展，拉丁舞的舞步与摆胯以及东方舞的韵律等。

图5-4-5 爵士舞

五、任务评价

请在符合自己实际情况的框格内打“✓”，数字越大代表符合程度越高，见表5-4-1。

表5-4-1 任务评价表

评价维度	评价内容	自评等级				
		1	2	3	4	5
学习主动性	能主动了解五种街舞类型					
学习能力	能了解五种街舞的特色动作、节奏					
团队协作能力	能根据各类街舞的动作技巧，与团队一起练习一两种舞蹈					

项目六

认识摄影

【项目介绍】

摄影是一门较为年轻的艺术门类，它是紧紧伴随着每个时代的高新科技发展而发展着的。摄影是一种对现实的高度概括，是来源于生活而高于生活的影像工作方式。摄影就是一种表达，正如说话是一种表达、写作是一种表达一样。摄影的表达方式多种多样，可以是“风光”“静物”“人像”，也可以是“纪实”“民俗”“观念”等。

摄影不仅包括光圈、焦距、曝光、色温、反差、感光度、白平衡之类的技术性知识，还包括构图、造型、色彩、光影等美学知识，还涉及一些诸如哲学、人类学、社会学、历史学、艺术史之类似乎与摄影没有直接关系的学问。

【项目目标】

一、知识目标

1.了解标准摄影中的术语。

2.了解新闻、风光、人像摄影的表现方法。

二、技能目标

1.能区分不同的摄影手法。

2.能拍摄符合要求的照片。

三、情感目标

1.培养审美能力和摄影艺术欣赏力。

2.能关心、感受、记录生活中的细节和美。

3.培养融会贯通的能力和独立思考研究的习惯。

任务一 认识新闻摄影

1842年5月5日至8日，德国汉堡发生大火灾，两个德国人比欧乌和史特尔兹纳用达盖尔银版法拍摄了火灾遗迹，此被称为新闻摄影之始。早期的新闻摄影，器材笨重，技术操作复杂，只能记录静态人像与场景。新闻摄影的价值，在于它是新闻事实的真实性与新闻形象的纪实性的统一。优秀的新闻摄影作品，能把新闻价值、历史文献价值与形象的审美价值结合于一体。

一、任务描述

新闻摄影如此有魅力，那就让我们一起来了解新闻摄影的形象表现及特点，了解荷赛奖、普利策奖及代表作品吧。

二、任务目标

1.了解新闻摄影的形象表现及特点。

2.了解荷赛奖、普利策奖的由来及代表作品。

3.能拍摄符合要求的新闻照片。

三、任务准备

计算机、网络设备、优秀新闻摄影作品图片。

四、任务学习

（一）感知与体验

1. 新闻摄影的形象表现

(1) 观察。结合采访，对现场进行深入观察，以达到从内容到形式的结合，全面把握被摄对象，是形象表现的基础。摄影记者应具备一定的新闻敏感度，要掌握“问”和“看”两样能力。现场观察要力求深透，随时注意现场的中心和高潮的出现，并力求看到事实发展的全过程。要心明、眼亮、腿勤、手快，边观察、边选择。

(2) 选择。在深入观察的基础上，找到现场全局中最有代表性的情节，以及事实发展中最有代表性的瞬间，是新闻照片形象表现的关键所在。选择中首先要考虑摄影报道的需要，并且随时准备摄取。现场情况变化多端，万不可墨守“先选后拍”的程序，以致错失良机，应多拍再选。

(3) 摄取及细节。一般来说，观察和选择在前、摄取在后，但摄取中又有观察和选择，且三者常常是紧密相连的。摄取时要充分发挥摄影技术技巧的作用，把初步选定的情节实地表现出来。这时，要以获得最有代表性的情节的最佳瞬间为中心，并优先选择拍摄点和拍摄时机两个主要环节。因为拍摄点决定着主体的地位和画面的构图，拍摄时机则决定着主体的动势和神态，这些都是构成画面形象的基本因素。而这些因素的结合，实际上也决定着光感、透视、层次等其他因素。当然，这些问题的解决，有时是一致的，但常常是矛盾的。在发生矛盾时，一般应服从对主体形象的表达这个大局，避免面面俱到，求大求全，以至妨碍对主体的表现。

2.新闻摄影的特点

(1) 时效性。新闻摄影必须体现一个“新”字，它所反映的必须是正在发生的、引人关注的新闻事实。如政治事件、经济消息、社会热点、国际关系以及反映社会生活的纪实性报道等。

(2) 真实性。真实性是新闻摄影的生命之所在。虚假的新闻报道只能遭受谴责。

(3) 典型性。新闻摄影报道的典型性包含典型事件、典型形象、典型瞬间三方面。

(4) 现场感。新闻摄影的现场抓拍，应以正确反映事件为主，具有较强的现场感；而不应过分雕琢，因追求艺术效果而有损于对事实的报道。

3.著名的新闻摄影奖项

(1) 荷赛奖。1957年世界新闻摄影基金会举办了第一届世界新闻摄影比赛（World Press Photo，简称“WPP”），因其总部设在荷兰通称“荷赛”。该比赛是世界上规模最大、最有威望的新闻摄影比赛之一，对全世界新闻摄影事业的发展起了重大的推动作用。

“荷赛奖”分为突发新闻、一般新闻、新闻人物、体育动作、体育专题、当代热点、日常生活、肖像、艺术、自然10类，基本覆盖了新闻摄影的各个方面。每类还分为单幅和组照（最多不超过12幅）两项。

(2) 普利策奖。约瑟夫·普利策是美国报业巨头、美国现代报业的奠基人。普利策奖，是根据他的遗愿设立的。普利策奖包括新闻奖和创作奖两大类，其中新闻奖主要有：公众服务奖、突发新闻报道奖、社论奖、漫画奖、批评奖、评论奖、特稿写作奖等；创作奖主要有小说奖、戏剧奖、诗歌奖、音乐奖、非小说奖、人物传奇奖等。近年来，普利策奖在奖项的设置上也有些变化，如2020年在原有奖项的基础上新增了“音频报道奖”。

首届普利策摄影奖是1942年颁发的。此后，除1946年外，每年颁发一次。从1968年开始，摄影类增设了专题新闻摄影奖，获奖作品通常由一组照片组成。

(二)欣赏与探究

1.《垃圾箱的“淘食者”》(图6-1-1)

2018荷赛奖自然类单幅一等奖：《垃圾箱的“淘食者”》。美国摄影师：Corey Arnold。当地时间2017年2月14日美国阿拉斯加州荷兰港，一只秃鹰在超市的垃圾箱吃碎肉。动物与人类的界限已经越来越模糊。

图6-1-1《垃圾箱的“淘食者”》

2.《皇家忏悔节足球赛》(图6-1-2)

2018荷赛奖体育类单幅一等奖：《皇家忏悔节足球赛》。摄影师：Oliver Scarff(英国)。当地时间2017年2月28日，英国德比郡阿什伯恩，汉莫尔河北岸的上游队与南岸的下游队抢球。人数众多，表情生动，岸上和水中相互呼应，虽然是黑白照片也让人感觉到热火朝天的氛围。

图6-1-2《皇家忏悔节足球赛》

3.《荒原》(图6-1-3)

2018年荷赛奖环境类组照一等奖:《荒原》。摄影师:Kadir van Lohuizen(荷兰)。2017年1月27日,尼日利亚拉各斯,在垃圾填埋场中,一名男子正扛着一大包PET瓶。人类产生的废弃物比以往任何时期都多,据世界银行研究,全球每天产生超过350万吨垃圾,是一个世纪前的10倍。

图6-1-3《荒原》

五、任务评价

请在符合自己实际情况的框格内打"√",数字越大代表符合程度越高,见表6-1-1。

表6-1-1 任务评价表

评价维度	评价内容	自评等级				
		1	2	3	4	5
学习主动性	能主动地学习摄影知识					
理解能力	能理解书本上的知识点,阐述课本上的作品					
创造能力	能收集和整理新闻摄影的相关信息,拍摄主题明确、构图完整、光线清晰的新闻照片					
团队协作能力	能参与团队合作,组织协调能力强					

任务二 认识人像摄影

所谓人像摄影，就是以人物为主要创作对象的摄影，以刻画和表现被摄者的具体相貌和神态为自身的首要创作任务。一幅优秀的人像摄影作品是许多成功因素的总和：神情、姿态、构图、照明、曝光、制作均要达到较高的境界，它们是一个总体的各组成部分。拍摄形式分为胸像、半身像、全身像。

一、任务描述

人像摄影实用性极强，让我们一起来了解人像摄影的形象表现及特点，了解人像拍摄的构图和画幅格式及拍摄高度、方向对人像摄影作品的影响吧。

二、任务目标

1.了解人像摄影的形象表现。

2.能拍出5张较好的人像摄影作品。

3.能简单评价人像摄影代表作品。

三、任务准备

计算机、网络设备、优秀人像摄影作品图片。

四、任务学习

（一）感知与体验

1. 人像构图

（1）特写。人像的特写，指画面中只包括被摄者的头部或者有眼睛在内的头部的大部分，以表现被摄者的面部特征为主要目的。这时，由于被摄者的面部形象占据整个画面，给观众的视觉印象格外强烈，对拍摄角度的选择、光线的运用、神态的掌握、质感的表现等要求更为严格，摄影者应仔细研究有关摄影造型的一切艺术手段。无论是35毫米照相机还是120毫米照相机，若用标准镜头拍摄特写是比较困难的，也是不正确的做法。因为，标准镜头拍特写必须离被摄者很近，在较近的距离拍摄人像时，鼻子到照相机的距离比额头、下巴、耳朵到照相机的距离近，在照片上鼻子显得大，容易歪曲被摄者的面部形象。同时，如果被摄者稍微低头，会显得额头大、下巴短；稍微仰头，就会显得下巴长、额头小。因此，最好是用中长焦距的镜头拍摄。那样，照相机到被摄者的距离就可以稍远一些，避免透视变形。

(2) 近景。近景人像包括被摄者头部和胸部的形象，它以表现人物的面部相貌为主，图6-2-1欧文·佩恩于1967年拍摄的《毕加索》就是一个很好的例子。背景环境在画面中只占极少部分，仅作为人物的陪衬。近景人像，也能使被摄者的形象给观众较强烈的印象。同时，近景人像在画面中也包括一点背景，这点背景往往可以起到交代环境、补充画面的作用。当然，拍摄近景最好还是使用中长焦距的镜头。

图6-2-1 《毕加索》

拍摄近景人像，同样要仔细选择拍摄角度、光源的方向、光线性质的软硬，并注意观察被摄者的神态，掌握适当的拍摄瞬间。

半身人像往往从被摄者的头部拍到腰部，或腰部以下膝盖以上，除以脸部面貌为主要表现对象以外，还常常包括手的动作。半身人像与近景或特写人像相比，画面中有了更多的空间，因而可以表现更多的背景环境，能够使构图富有更多的变化。同时，由于画面里包括被摄者的手部，可以借助手的动作帮助展现被摄者的内心状态。有经验的人像摄影师对被摄者手的姿态和动作是十分注意的。

半身人像因为能够拍摄到人物的腰部或腰部以下，被摄者姿态的变化就丰富多了，给画面的构图带来很大的方便，使我们有可能把被摄者拍得更生动一些。如图6-2-2的拍摄者艾森斯塔特，他被称为“捕捉历史瞬间的人”“新闻摄影的先驱”。这幅作品是丘吉尔在一次保守党竞选活动中的亮相。面对公众，丘吉尔经常喜欢叉开两个手指形成英文中的“V”形字母，表

图6-2-2 《丘吉尔》

示“胜利”(Victory)。

(3) 全身。全身人像包括被摄者整个身形和面貌，同时容纳相当的环境，使人物的形象与背景环境的特点互相结合，都能得到适当的表现。拍摄全身人像，在构图上要特别注意人物和背景的结合，以及被摄者姿态的处理。

图6-2-3《翻越中央公园围墙的女孩》

图6-2-3是玛丽·艾伦·马克（Mary Ellen Mark）的作品。非常有趣地体现孩子在翻墙落地时害怕的表情与生动的肢体语言。这张照片是在1967年的中央公园拍摄而成。墙内外人物动作表情的对比也间接体现了他们的心态。小女孩灵活地翻越了围墙，虽未落地但是表情还是比较放松。张开嘴巴似乎要喊出来还是带有恐惧感，而其他男孩则多了一份谨慎。

2. 拍摄方向

(1) 七分面人像。七分面人像指被摄者面部略向一侧转动，但从照相机的方向仍能看到被摄者脸部正面的绝大部分。如果以被摄者面部正面和侧面所占的比例划分，七分面人像应是脸部的正面占大部分，而侧面只占小部分。这种七分面人像，不仅仍能表现出被摄者的正面相貌，而且显得灵活并富有变化，容易获得较好的效果。选择七分面拍摄还有一个特点:它不像正面人像中被摄者脸围两侧的轮廓线条同等突出，而是面部较窄的那面的轮廓线条最鲜明，面部较宽的那面的轮廓线条则退居次要的地位，不显得那么突出。拍摄中，如果有的被摄者脸部两侧的轮廓线条不十分对称，我们便可以让其面部转向轮廓好看的一侧，使略有缺陷的一侧处在不太突出的部位，尽量表现好被摄者的外貌。不过，对于颧骨太高的人，不太适合用七分面拍摄，因为它会使过高的颧骨显得更加突出。

(2) 三分面人像。三分面人像是指被摄者比七分面的拍摄角度更侧转一点。从照相机的方向虽然仍能看到被摄者脸部的正面，但正面所占的比例不如侧面大。与七分面人像相比，在三分面人像中，面部较窄的那面的轮廓线条更鲜明、更重要；而且，鼻梁的高低更加明显，面部较宽的侧面的轮廓线条在视觉上就显得不那么突出了。所以，如果有的被摄者脸部两侧的轮廓线条不十分对称，我们在拍摄时便可以让其转向轮廓好看的一侧，使略有缺陷的一侧处在不太突出的位置。对于颧骨太高的人，不太适合用三分面拍摄，因为它与七分面一样，会使过高的颧骨显得更加突兀。拍摄三分面人像时，被摄者的鼻尖不要接触或超出脸部轮廓。鼻尖如果触及或超出脸部轮廓，基本上就算侧面人像了。

(3) 侧面人像。侧面人像是指被摄者面向照相机侧方，与照相机镜头光轴构成大约90度角拍摄的人像，从这个方向拍摄，其造型特点在于着重表现被摄者侧面的形象，尤其是从侧面观看时被摄者面部的轮廓特征，包括额头、鼻子、嘴、下巴的侧面轮廓。当然，如果拍摄半身或全身人像，也包括身体的侧面轮廓。不过，从侧面拍摄，被摄者的身体不一定要与照相机镜头光轴构成90度角，而是脸部朝向侧面，身体却可以朝向斜侧面或正面，这样仍属于侧面人像。

由于被摄者的面部侧面轮廓在侧面人像中表现得十分鲜明，因此，只有面部侧面轮廓非常好看的人，才适合这样拍摄。假如被摄者的额头太大、太低，或者鼻梁太高、太凹，嘴形不正，下巴太尖、太短，都不适于从侧面拍摄。在选取拍摄角度时，一定要特别注意此点。

3.拍摄高度

照相机如果从较低的位置向上仰拍，能使被摄者的形象显得较为雄伟；但是仰拍被摄者的头像，会使下巴及腮部显得较大、较宽，人物显得较胖，额头变窄、变小。假若照相机从高于被摄者眼睛的位置向下俯拍，会使被摄者的身材显得较矮小；若俯拍头部肖像，会使额头被夸张，下巴显得较窄、较短。在通常情况下拍摄人像的时候，照相机的位置不可过高或过低，因为当照相机镜头从较高或较低的角度拍摄时，光学镜头所产生的透视变形现象比我们人眼从低处仰望或从高处俯视所产生的效果要强烈得多，这是用肉眼观察和镜头拍摄不相一致的地方。所以，在拍摄人像的时候，高低角度的选择要格外留意才好。在一般情况下，拍摄半身人像，照相机最好同于被摄者胸部的高度，处于平行最佳；拍摄全身人像，照相机的机位最好稍低于被摄者腰部的高度。这样，被摄者的形象表现得比较正常，使人看上会更显修长。特别要注意的是，当拍摄近景人像或头部肖像的时候，照相机一般宜置于被摄者眼睛的高度，这样拍出的效果比较自然，没有明显的透视变形现象。当然，也可用稍仰或俯的拍摄角度，以达到不同的造型效果，不过要掌握适当的分寸，免得歪曲人物形象。

如果想把人物脸型拍得更瘦一些可以适当地抬高机位俯拍，这样人物脸型会更显消瘦、眼神也会更有神一些(需注意控制相机镜头变形)。在个别情况下，也可以利用拍摄高度的取舍稍微修正被摄者的形象。例如，瘦高的人，可以利用稍仰的拍摄角度使他的形象显得略胖一点；腮部稍胖的人，可以通过俯视的拍摄角度使其形象显得略瘦一点。不过，这种修正是有限的。

(二)欣赏与探究

1.《红发女孩》(图6-2-4)

《红发女孩》是摄影师Alexey Fokin(俄罗斯)使用HUAWEI P30 Pro拍摄的作品。人物的脸没有完全显露，带有一种神秘感。颜色的对比不会让人觉得生硬，有唯美感。

图6-2-4《红发女孩》

2.《疲倦的母亲》(图6-2-5)

崔力(中国)使用HUAWEI P20 Pro拍摄的《疲倦的母亲》，单手放在额前，车窗外的光线正好洒落在她的脸上。虽然看不到表情但是从动作上可以看到母亲的疲惫，母亲与孩子形成鲜明的对比。

图6-2-5《疲倦的母亲》

3.《白领蓝领》(图6-2-6)

本作品是李建增(中国)使用HUAWEI P20 Pro拍摄的。照片中也有照片，人群职业的不同，人的精神状态、服装、动作的对比显得有趣又富有社会意义。

图6-2-6《白领蓝领》

五、任务评价

请在符合自己实际情况的框格内打“✓”，数字越大代表符合程度越高，见表6-2-1。

表6-2-1 任务评价表

评价维度	评价内容	自评等级				
		1	2	3	4	5
学习主动性	能主动地参与人像摄影活动					
理解能力	能理解书本上的知识点，评析课本上的作品					
创造能力	能拍摄5张有意思的人像，构图富有美感，人物表情生动					
团队协作能力	能参与团队合作，组织协调能力强					

任务三 认识风光摄影

风光摄影，是以展现自然风光之美为主要创作题材的原创作品（如自然景色、城市建筑摄影等），是多元摄影中的一个门类。从摄影术诞生那天起，风光摄影就独占鳌头。人类第一张永久性摄影作品就是风光（1826年，法国人尼埃普斯拍摄了他自家窗外的景物《窗外景色》）。

风光摄影是广受人们喜爱的题材，它给人带来全面的美的享受，从拍摄者发现美开始到拍摄完成，一直到与读者见面欣赏的全过程，都会给人以感官和心灵的愉悦，能够在一定主题思想表现中，以相应的内涵使人在审美中领略到一定的信息成分，由此也将给人带来一些过目不忘的情趣。

一、任务描述

在中外摄影史上，风光摄影占尽了风头，出现了众多风光摄影大师。那么，就让我们一起从了解风光摄影的基础知识及拍摄技巧开始，认识并掌握它吧。

二、任务目标

1.了解手机拍摄风光的技巧及有重庆地方特色的拍摄地点。

2.能拍摄5张构图、颜色、主题符合要求的风光照片。

三、任务准备

计算机、网络设备、优秀风光摄影作品图片。

四、任务学习

（一）感知与体验

1.拍摄准备

（1）风光地点的选择：不仅景色要美同时要考虑天气、时间这些因素，不然可能拍不出好的照片。最好提前查好资料。

（2）手机配件：自拍杆、附加镜头、小型三脚架、手机壳、快门线等，这些配件主要针对夜景、全景风光，不然无法拍摄。

(3) 后期拍照软、硬件的选择。

软件：美图秀秀，相机360，POCO相机，Instagram，CameraPro，VSCO相机等。

硬件：小米手机、华为手机或者OPPO手机等。

2.风光摄影的手法

风光摄影的手法可归纳为四个字：知、观、表、现(即知其时、观其势、表其质、现其伟)。

(1) 知其时。知其时是指观察被摄景物的整个环境和形势。大家试想一下，当我们身处在大自然的怀抱中，满眼都是景物，缭乱杂陈，哪些应该删去，哪些应该取舍，至于采景的位置、最佳角度等也不是仓促间能够做出决定的。为此，必须细心地、有耐性地、不厌其烦、不畏其劳地，从任何位置和角度去探讨。

(2) 观其势。深入观察，结合积累的经验，选取认为理想的角度去拍摄心目中已打好草稿的景物，随之再加以细致的剪裁。所谓剪裁是要对最微末的地方也要注意，不容疏忽。无论一草一石，还是一枝一叶，都要列入需要推敲的范围。

画家黄宾虹说：“纵游山水间，既要有天马腾空之动，也要有老僧补衲之沉静。”意思是说我们对眼前的景色要有无穷的热情，不辞劳苦地四处奔跑、观察、寻景，然后就是要总结性地去思考，去认识眼前的景色，从而了解这些景色。画家们又讲：“山峰有千姿百态，所以气象万千，它如人的状貌，百个人有百个样。”所以我们观察山、景，不是停留在表面上，更多需要注意的是山景的气势与当地的特色。五代时期的画家荆浩说：“搜妙创真。”妙是指客观的存在，搜是作者主观的努力。

(3) 表其质。谈到表其质，我们都知道万物都有它独特的本质，尤其拍摄大自然风景时，对于充满整个大自然环境的花、草、木、石、泥的本质更要深入认识，然后熟悉和掌握它的本质，使其有效地重现于画面中、照片中。在我们摄影中的术语即所谓的“质感”，质感的意思就是要求在表现景或物的时候，不是徒具其形貌的轮廓，重要的目的要表现出质的感觉，既有骨，又有肉。

(4) 现其伟。这个“伟”字含义很广，好像雄伟、伟岸等。拍摄崇山峻岭、参天乔木等，大可运用镜头角度去达“伟”的章法，也可以用衬托对比方法，去把“伟”更突出。而“伟”的另一种意义，也可以引申为美，把景色最美之处给以突出，亦是属于“现其伟”的范畴。那么，我们拍摄风光照片如何去观其“伟”呢？关键是抓住景物的特点、气派来体现辽阔的美感。

如黄山，有四个特点：云海、云雾、奇松、怪石。但是我们把视野放到大处，便有各具奇景、各具奇险的三十六大峰和三十六小峰；若把视界略放，更有不少郁郁苍苍的茂林、清幽深邃的岩谷。再把视线带回身边，便有许多自由自在的小景，这一切的一切，都足以令人心醉神迷。如图6-3-1是马克吕布在1983拍摄的《黄山》，虚实相生，给欣赏者一种浩然缥缈的美。他是20世纪50年代首位获准进入中国拍摄的西方摄影师，多次受到周恩来总理的邀请来到中国，一生拍摄了无数中国主题的作品，与中国有着极深的渊源。

图6-3-1《黄山》

至于峨眉山之得名，在于苍秀，青山可称得是清幽。至于五岳亦不过是雄伟巍峨、险峻磅礴而已。素有山水甲天下之称的桂林，甚至阳朔，亦不过在于山的峭拔、水的澄澈。因此，当我们进入名山大川的时候，是要凭自己的眼力和经验，但这经验是前期的艺术修养，缺乏这些修养，便不能把景物最美的一面发现。利用摄影镜头的动能，把景物的特景尽收镜头只能得到一些“曾到此一游”这类的纪录片。

（二）欣赏与探究

1.《人造与天成》

如图6-3-2的作者是美国的Charles Thomas，这张照片是在飞机上拍摄而成。自然与人造的线条交错，给人一种对比拉锯之感。用俯视的角度来看这片大地，显得宽广，有一种苍茫粗犷的美感。

图6-3-2《人造与天成》

2.《魔鬼的居所》

钱辰伟拍摄的《魔鬼的居所》是2019华为新影像大赛获奖作品，如图6-3-3所示。天空的颜色使得画面充满魔幻不安的感觉，前景的枯树外形扭曲，没有叶子，像童话中的树妖一样，让人想看又害怕。整个照片是暗色调，有点压抑，整个场景充满神秘感，也许山的背后就是魔鬼的地盘。

图6-3-3 《魔鬼的居所》

3.《三峡人家》

如图6-3-4《三峡人家》是黎明（中国）使用的是HUAWEI P30 Pro拍摄。整个作品宛如一幅山水画，绿色调让人感到大自然的清新。带着草帽的两人在安静地浣洗布料，一幅世外桃源水墨画的静谧美呈现在观众眼前。

图6-3-4 《三峡人家》

五、任务评价

请在符合自己实际情况的框格内打“√”，数字越大代表符合程度越高，见表6-3-1。

表6-3-1 任务评价表

评价维度	评价内容	自评等级				
		1	2	3	4	5
学习主动性	能主动地参与风光摄影活动					
理解能力	能完全理解书本上的知识点，并能概括					
创造能力	能收集和整理新闻摄影信息、拍摄风光照片5张					
团队协作能力	能参与团队合作，组织协调能力强					

项目七

认识电影艺术

【项目介绍】

电影是19世纪美国大众生活水平上升后所产生的满足人们新需求的娱乐项目。电影是根据视觉暂留原理，运用照相（以及录音）手段把外界事物的影像（以及声音）摄录在胶片上，通过放映（同时还原声音），用电的方式将活动影像投射到银幕上（以及同步声音）以表现一定内容的现代技术。电影能准确地“还原”现实世界，“展现”虚拟世界，给人以逼真感、亲近感，宛如身临其境。电影的这种特性，可以满足人们更广阔、更真实地感受生活的愿望。

电影艺术是以电影技术为手段，以画面与声音为媒介，在运动着的时间和空间里创造银幕形象，反映和表现现实生活与思想感情的一种艺术形式。电影艺术是一种独特的、全新的、音响与画面相结合的视听艺术，而且，电影还包容了电影文学、电影导演艺术、电影表演艺术、电影造型艺术、电影声音艺术等门类的艺术创作，而成为一种集体创造的艺术。电影艺术以工艺制作手段为基础，与科学技术关系密切。现代科学技术的迅速发展，给这种拥有很大艺术表现潜力的艺术形式，创造出更加广阔的发展前景。

【项目目标】

一、知识目标

1.了解电影艺术的基本词汇。

2.了解按题材、剧情类型分类的科幻电影、喜剧电影、战争电影。

3.了解影评。

二、技能目标

1.掌握不同历史时期的审美风格,并能自己组织语言进行概括分析。

2.能描述电影的基本表现手法。

3.能针对某一电影进行评价。

三、情感目标

1.培养审美能力及摄影艺术欣赏力。

2.关心生活、感受生活中的细节和美。

3.培养融会贯通的能力和独立思考研究的习惯。

任务一 认识科幻电影

科幻电影从诞生起就在描绘天马行空的科学现象。这类影片将现实世界和超自然现象相结合，探索科学中的未知之谜。在过去的一个世纪中，科技改进了这些电影中的特效和未来元素，使得这一电影类别在行业中日渐受到欢迎，并获得了成功。

一、任务描述

科幻电影充满对未来的想象，科技感十足，具有很强的吸引力。让我们一起来了解科幻电影的主题、基本模式及主要特点吧。

二、任务目标

1.了解科幻电影的基本模式。

2.能描述科幻电影艺术语言中画面、声音、镜头的特点。

三、任务准备

计算机、网络设备、优秀科幻电影视频资料。

四、任务学习

(一)感知与体验

1.定义

要准确地判断什么电影是科幻电影是很难的一件事。科幻电影并没有一个被广泛认同的准确定义。实际上，科幻电影可以看作是科幻文学的一种衍生品(因通常为文学作品的翻拍)。以下是科幻电影的一种定义：

科幻电影，顾名思义即“科学幻想电影”，是“以科学幻想为内容的故事片，其基本特点是从今天已知的科学原理和科学成就出发，对未来的世界或遥远的过去的情景做幻想式的描述”。

科幻电影的主题基本有如下四种：宗教与反叛主题、凡尔纳式科学享乐主义主题、权力与秩序主题、罪恶与拯救主题。

乔治·梅里爱导演的影片《月球旅行记》被称为“史上第一部科幻片”。其剧情取材于儒勒·凡尔纳的小说《从地球到月球》和H.Q.威尔斯的小说《最早登上月球的人》。该电影采用神话剧的传统风格，在14分钟的时间里，讲述了一个从发明机器到登陆月球再到凯旋的完整故事，创造了充满幻想色彩的服装和布景，显得蔚为壮观。

2. 基本模式

(1) 背景多样但内部逻辑严谨。对于科幻片来说，故事可以发生在任何时候，并且可以在中途更换年代，但实际上它要叙述的真正内容所占据的期限仍然很有限。类似地，科幻故事发生的地点看似不着边际，但实际上也非常有限。虽然好莱坞科幻片在想象上天马行空，但它在逻辑规则上却最为严谨，是一个讲求内部真实的、统一连贯的虚幻世界。

(2) 人物塑造比较简单。好莱坞科幻片大多希望观众将注意力集中于特效和情节，因此其人物塑造相比于其他类型影片来说较为简单。人物的维度较少，表面和内心较为一致，性格没有变化或只有简单的变化。但近些年来这种状况也有所改变，科幻片也开始注重人物性格的塑造，对人物内心的冲突和矛盾以及生活中的苦恼和困难的描述开始加大力度。

(3) “激励事件”往往具备科幻因素。比如时间的错位、外星人的入侵、恐龙公园的建立等，它打破了原有的平衡，迫使主人公做出反应。和其他类型影片一样，科幻片的冲突也包括内心冲突、人际冲突、外界冲突（包括社会冲突和更大的环境冲突）这几个层面，但一般来说，科幻片中最大的冲突是人与环境的冲突，比如自然灾害来袭、外星生物入侵等。

(4) 推崇的仍然是生命至上、追求正义、珍惜人生这样传统而永恒的价值观。

3.电影的基本语汇

(1) 画面。画面在表现形式上有广义和狭义两重界定：从广义上讲，画面又称为“景”，不同的画面就是不同的“景别”（图7-1-1）；从狭义上讲，画面是影视作品的构成单位，是指银幕或屏幕上每一个单独的平面影像，因此，画面也可称为“影像”。从欣赏者的角度来看，绘画的画面、摄影图片的画面与影视画面一样都是一个二维空间的平面画，都具有明显的框架结构，并在这个框架结构的平面中再现现实生活的影像。但在画面的内容上，影视画面具有时间的延展性，因此画面中的影像是流动的，是空间和时间的完美结合，同时，在影视画面中又有绘画画面所没有的声音要素，它是影视画面不可或缺的构成要素，纯粹的影视画面就是视觉和听觉相结合的艺术产物。如《E.T.外星人》中经典的男孩骑自行车载着外星人飞向天空的画面。

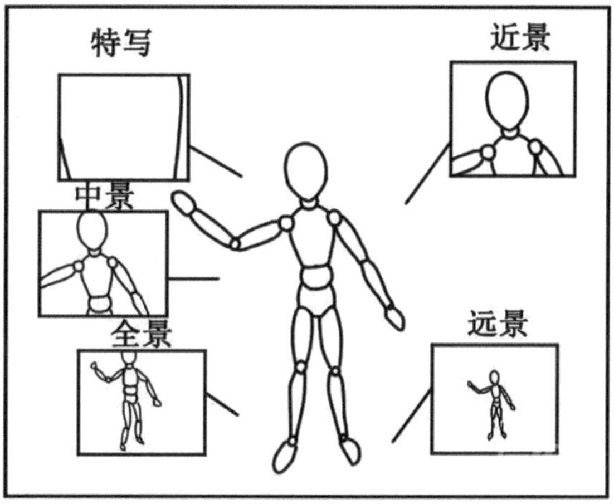

图7-1-1 景别示意图

(2) 声音。影视艺术的声音与画面共同成为现代影视的基本语汇，创造了荧屏形象，展现了影视时空。它主要分为人声、音乐和音响三种类型，正是这三种形式的有机组合，构成了影视艺术的有声语言系统，而它在反映社会生活时所创造的综合听觉形象，也就构成了荧屏上的声音形象。这几类声音在荧屏上是不可分离的，它们错综地交织在一起，一方面，记录、移植的逼真声音形态再现和还原了有声世界的真实感；另一方面，经过美学处理的非原生态的声音形态又表现和外化了创作者对世界的艺术感知和体验。

作为现今影视最基本的一种表现语汇，声音并不是一开始就有的元素。在电影出现的头30年里，电影一直是一个“伟大的哑巴”。1927年，美国华纳电影公司拍摄的全世界第一部有声影片《爵士歌王》的诞生，标志着有声电影时代的到来。当声音刚刚在电影中出现时，还曾经遭到包括卓别林在内的电影人的反对，但从20世纪30年代以后，声音在电影和电视中的意义越来越被人们清醒地认识到。科幻片《第五元素》中将花腔女高音和男低音一一呈现来体现电影声音的音域。

影视艺术中的声音从观念到技术都得到了迅速发展，从后期录音到同期录音，从单声道到立体声，从无方向录音到逻辑环绕，声音已经成为现代影视艺术表现手段的一个重要组成部分。可以说声音的闯入，赋予了画面新的生命与活力，既增加了原来的表现性能，又恢复了自身的再现功能，从根本上改变了早期电影纯视觉艺术的性质，推动电影进入声画结合、视听交叉的艺术新天地，产生了从表现形式到美学手段、美学风格乃至美学观念诸方面质的飞跃。

声音的特性主要包括以下几个方面：

①音量。空气的振动产生了声音，而振幅决定了声音的响度或强度。音量在影

视片中起着不可或缺的作用。例如，在许多影视片中，一个繁忙街道的镜头里伴有喧闹的交通工具的噪声，当两个人相遇并开始交谈后，噪声变小，突出交谈的声音。又如，一个轻声细语的人与一个大声怒吼的人的对话，两人的性格特征不用通过对话内容而仅由音量的不同便可以判断出。

音量也影响着距离感。声音越大，观众会认为与发声物的距离越近；相反，声音越小，观众会觉得与发声物的距离越远。如火车轰隆的声音越来越大，意味着火车越来越近。

②音高。声音振动的频率控制着音高。一般来说，女性与儿童的音高较高，男性的音高较低。音高过高、过尖的声音让人感到刺耳，能够吸引观众的注意，并使人产生某种排斥感。如希区柯克的《精神病患者》中尖声刺耳的鸟叫声。音高过低、过沉的声音让人感到困惑，使人产生莫名其妙的恐惧感。如许多恐怖片中利用低沉的自然音响增加恐怖气氛，儿童片中的反面角色也常常是一位声音低沉的男演员。

③音色。声音各个部分的调和，赋予声音特定的韵味或音质，就是音色。当我们说某个人的声音浑浊，或某一乐音圆润时，所指的就是音色。音色能够使观众辨别出不同的人、不同的乐器等所发出的声音。例如，影视片中“未见其人先闻其声”靠的就是不同人物的音色来使观众在人物露面以前就判断出即将出场的角色。不同的音色还能够营造不同的气氛，如萨克斯演奏的声音会给人以浪漫的气氛。

音量、音高和音色这三个声音的基本特性互相影响，从而使观众辨别出影片中的不同声音，且界定了一部影片综合性的声音构造。

影视作品中的声音一般分为人声、音乐和音响三大类，但是这三种声音形态并不是说可以完全分开，有时一种声音可能涉及多种形式，例如尖叫声到底是人声还是音响，现场演奏的音乐是否都是音响。当然，大多数情况下还是能够清晰地区别出不同声音的形态的。

人声语言，是指荧屏上的人物在表达思想和情感时所发出的各种声音，诸如语言、啼笑、感喟等。其中最重要的是语言，人的语言是人们表达自我、相互交流、传达信息的最基本的方式，因而在影视艺术中人声是声音最积极、活跃，信息量最丰富的部分。人声还因音调、音色、力度、节奏等因素的不同而在影视作品中具有情绪、性格、气质等形象方面的丰富表现力，人声主要由对白、独白、旁白组成。

对白是指两人或者两人以上相互交流的声音，对白是人声的重要组成部分。通过人物对白，可以表现出人物的关系、态度、情感等，使剧情不断得以发展。

影视片中的对白与生活中的对白相比，其传递、交流、沟通、表达的基本功能并没有改变。它还可以用来表现个性、塑造形象、推动剧情。影视片中的对白与戏剧中的对白一样，是“说”出来的，而并不是像文学那样仅仅写在纸上。对演员来说，“怎么说”往往比“说什么”更加重要，说话时的语气、音量、表情都可以传达比语言本身更加丰富的信息。

独白，是指戏剧、影视中角色或文学作品中人物独自抒发个人感情和愿望的话。

旁白，主要运用在戏剧和影视中。戏剧方面，主要是指戏剧角色背着台上其他剧中人对观众说的话；影视方面，主要是指说话者不出现在画面上，但直接以语言来介绍影片内容、交代剧情或发表议论，包括一些对白的使用。

4.镜头

镜头是影视艺术最基本的元素之一，是构成一部影视作品的最小视觉单位。所谓一个镜头，就是指摄影机从开拍到停机所拍摄下的全部影像。一部完整的影视作品都是由若干个镜头，根据作品的主题思想和情节的内在联系组合而成的。镜头中既有静态的影像，也有动态的影像。这些影像都是拍摄者根据特定的艺术目标，从现实世界中获得的，因此，镜头中的影像是客观的，但镜头的艺术性又是主观的，具有强烈的个性化色彩，因为镜头是完成画面的叙事、抒情和象征的唯一手段，也是创作者根据自身对生活的体验和认知，交织着感性和理性的影视语言之一。

就每个镜头持续时间的长短来看，镜头可以分为短镜头和长镜头；就拍摄的角度来看，镜头可以分为平拍镜头、仰拍镜头和俯拍镜头；就镜头的运动方式(内部运动和外部运动)来看，镜头可以分为长焦距镜头、广角镜头和变焦距镜头，以及推镜头、拉镜头、摇镜头、移动镜头、升降镜头。

在影视作品中，还包括慢镜头、快镜头、空镜头、定格等艺术性镜头。认识和分析镜头，可以帮助人们认识影视作品中画面的构成及其视觉艺术效果，是解读影像及影视作品的表现方式、表达技巧及艺术风格的重要环节。

（二）欣赏与探究

1.《2001太空漫游》

图7-1-2 《2001太空漫游》海报

《2001太空漫游》（图7-1-2）是一部关于人类开展一项木星登陆计划的影片。飞船上有冬眠的宇航员，还有一部叫“HAL9000”的高智能电脑。HAL在宇宙飞行过程中发生错乱，导致几位宇航员相继丧命。从死亡线上回来的船长大卫一气之下关掉主脑系统，HAL彻底失效。茫茫宇宙中只剩大卫一人，向木星进发。

2.《流浪地球》

图7-1-3 《流浪地球》海报

《流浪地球》（图7-1-3）是一部根据刘慈欣同名小说改编的科幻电影。影片故事设定在2075年，讲述了科学家们发现太阳急速衰老膨胀，短时间内包括地球在内的整个太阳系都将被太阳所吞没。而面对绝境，为了自救，人类将开启“流浪地球”计划，倾全球之力在地球表面建造上万座发动机和转向发动机，推动地球离开太阳系，用2500年的时间寻找人类新家园的故事。

3.《人工智能》

《人工智能》(海报如图7-1-4)的设定是在21世纪中期，由于温室效应，南北极冰川融化，地球上很多城市被淹没。此时，人类科技已经高度发达，人工智能机器人就是人类发明出来用以应对恶劣自然环境的科技手段之一，而且机器人制造技术也已经高度发达，先进的机器人不但拥有可以乱真的人类外表，还能感知自身的存在。

图7-1-4 《人工智能》海报

五、任务评价

请在符合自己实际情况的框格内打“√”，数字越大代表符合程度越高，见表7-1-1。

表7-1-1 任务评价表

评价维度	评价内容	自评等级				
		1	2	3	4	5
学习主动性	能主动地学习科幻电影的知识					
理解能力	能简要描述科幻电影的表达内容					
团队协作能力	能团队合作完成一部科幻电影的海报制作					

任务二 认识喜剧电影

喜剧片是运用“笑”的手段，颂扬美好的事物，讽刺、鞭挞落后的现象。其结局往往是真善美战胜假恶丑，或正义的力量战胜邪恶的势力。观众在笑声中思考与放松。

一、任务描述

让我们一起来了解喜剧电影的主要表现手法吧。同时，也可以通过观看经典的喜剧片以及揣摩片中细节来提高自身鉴赏能力。

二、任务目标

1.了解电影的主要表现手法。

2.能分析出具体电影作品中的蒙太奇与黑色幽默的含义。

3.了解经典的喜剧电影。

三、任务准备

计算机、网络设备、优秀喜剧电影视频资料。

四、任务学习

（一）感知与体验

1.定义

《电影艺术词典》中对喜剧片的定义是：以产生结果是笑的效果为特征的故事片。在总体上有完整的喜剧性构思，创造出喜剧性的人物和背景。主要艺术手段是发掘生活中的可笑现象，做夸张的处理，达到真实和夸张的统一。其目的是通过笑来颂扬美好、进步的事物或理想，讽刺或嘲笑落后现象，在笑声中娱乐和教育观众。常是正面力量战胜邪恶力量，一般来说结局比较轻松愉快。

2.蒙太奇

蒙太奇(法语:Montage)是音译的外来语，原为建筑学术语，意为构成、装配。

可解释为人为地拼贴剪辑手法。最早被延伸到电影艺术中，后来逐渐在视觉艺术等衍生领域被广为运用，包括室内设计和艺术涂料领域。

在电影的制作中，导演按照剧本或影片的主题思想，分别拍摄许多镜头，然后再按原定的创作构思，把这些不同的镜头有机地、艺术地组织、剪辑在一起，使之产生连贯、对比、联想、衬托悬念等联系以及快慢不同的节奏，从而有选择地组成一部反映一定的社会生活和思想感情，为广大观众所理解和喜爱的影片，这些构成形式与构成方式，就叫蒙太奇。

电影《功夫》中有一个片段：男主角缠着纱布但是身体开始恢复，纱布被其挣脱开，同时下一个镜头是一只蝴蝶破茧飞翔（图7-2-1）。这一蒙太奇手法的运用也是象征男主角的破茧成蝶，不再是以前的普通人。

图7-2-1 电影《功夫》蝴蝶破茧的镜头

3.黑色幽默

《大英百科全书》中对“黑色幽默”的解释是：一种绝望的幽默，力图引出人们的笑声，作为人类对生活中明显的无意义和荒谬的一种反响。黑色幽默是一种用喜剧形式表现悲剧内容的文学方法。“黑色”代表死亡，是可怕滑稽的现实，“幽默”是有意志的个体对这种现实的嘲讽态度。幽默加上黑色，就成了绝望的幽默。这派作家调动一切可调动的艺术手法，将周围的世界和自我的滑稽、丑恶、畸形、阴暗等放大、扭曲，使其更加荒诞不经。

《第二十二条军规》的第八章，克莱文杰因为“专爱闹事，又是有头脑的人”，被沙伊科普夫少尉憎恨，并被推上审判台。海勒用极其戏谑的口吻描写这次审问，读者却不能笑得抒怀。因为揭开了滑稽的面纱，读者看到的是恐怖：一个无辜的人，随时都会成为黑暗现实的牺牲品；咄咄逼人的军官不仅让克莱文杰，也让读者胆战心惊。在这场审讯中，幽默和恐惧互相交融，读者感到乐中有惧，惧中有乐。《落水狗》《两杆大烟枪》还有《疯狂的石头》都是可圈可点的黑色幽默电影。

（二）欣赏与探究

1.《功夫》

故事发生在20世纪40年代的中国，周星驰饰演的阿星是一个一事无成、小偷小摸成性的古惑仔，立志加入当时势力最大、手段残忍的黑帮“斧头帮”。

阿星试图在一个叫“猪笼城寨”的地方对居民敲诈，却不知道他们个个身怀绝技，结果在这里栽了跟头。阿星与居民的冲突不经意地将“斧头帮”戏剧性地卷入其中，正反两派之间的斗争正式展开。

从“猪笼城寨”居民为生存而战发展到两派武术高手间的交锋，阿星渐渐地放弃了从前的思想和志向，开始领悟功夫的真谛。图7-2-2是黄圣依饰演的芳儿在戏中的一个流泪的特写镜头，体现了哑女内心的难过，同时也引起了男主角的内疚。

图7-2-2 电影《功夫》截图

2.《晚餐游戏》

《晚餐游戏》（图7-2-3）是法国国宝级喜剧演员雅克·维列雷的代表作，传达的主题是当你把别人当作傻瓜的时候，其实你自己已经成了傻瓜。

图7-2-3 电影《晚餐游戏》截图

自命不凡的富家公子们每周三都要举办“白痴晚宴”，顾名思义，每一个参与者都要带一个傻瓜过来，谁带来的最傻将会获得奖品。

皮埃尔也参与了这个晚餐游戏，他带来了傻里傻气的皮依，但事情的发展却出乎皮埃尔的意料。影片的喜剧效果来自角色反转，自以为聪明的人却成了最傻的那一个，笑点密集又发人深思。

五、任务评价

请在符合自己实际情况的框格内打“√”，数字越大代表符合程度越高，见表7-2-1。

表7-2-1 任务评价表

评价维度	评价内容	自评等级				
		1	2	3	4	5
学习主动性	能主动记录生活中幽默的小时刻					
认知能力	能指出电影中幽默的表现形式					
书面表达能力	能撰写一个幽默视频的小剧本					
创造能力	能团队合作拍摄一个轻松幽默的小视频					

任务三 认识战争电影

战争电影，有的也称之为“军事片”，多指以战争史上重大军事行动为题材的影片。当前比较常见的战争片有两种类型，一类是以塑造人物形象为主，通过战争事件、战役过程和战斗场面的描写，着重刻画人物的思想性格的影片；另一类是以反映战争事件为主，通过人物和故事情节的描写，形象地阐释某一重大军事行动、军事思想、军事原则和战略战术的影片。

战争电影，除了特效和大型的军事场面外，紧张的故事情节也是其鲜明的特点之一。

一、任务描述

优秀的战争电影，在人物塑造、细节刻画、故事叙述、情节设置、结构编排等方面都有其独到的处理方式。下面就让我们一起来学习吧！

二、任务目标

1.知道战争电影的概况。

2.能从人物、细节、故事、情节和结构等方面来分析战争电影。

三、任务准备

计算机、网络设备、优秀战争电影视频资料。

四、任务学习

(一)感知与体验

1.战争电影的概况

中国拍摄的军事题材影片，一种以写人为主，着重刻画人物性格和思想精神面貌，影片中反映的战争事件、战役过程和战斗场面，都用以烘托和渲染人物，为塑造革命英雄主义光辉形象服务，例如《董存瑞》和《从奴隶到将军》；另一种以写事为主，阐明重大军事行动的特点和性质，形象地解释重大军事行动的军事思想、军事原则、战略战术的意义和威力，例如《南征北战》和《四渡赤水》。国外的战争片多以写人物为主，颂扬杰出的军事家和著名将领，例如美国影片《巴顿将军》、苏联影片《海军上将乌沙科夫》等。

目前的战争片中，由于耗资巨大与题材难以把握等原因，单纯表现战争的影片已很少，通常会融入其他元素，从其他角度来表现战争的影响，表现手法已日趋多样化。有的时候战争在影片中甚至已沦为次要元素，这样不显眼的特征往往使得一部电影更容易被归类为爱情片、历史片或传记片，这也是现在战争片逐渐没落的原因之一。

2.人物形象塑造

人物形象塑造的成败很大程度上影响整部影视作品的思想深度与价值。人物个性的复杂化、立体化是观众想要看到的。

《辛德勒的名单》中的辛德勒就是战争电影中人物形象塑造十分成功的案例之一。辛德勒是一个德国投机商人，也是一个纳粹党党员，他好女色，会享受，是地方上有名的纳粹中坚分子。他善于利用关系攫取最大的利益。在被占领的波兰，犹太人是最便宜的劳工。因此，辛德勒的工厂只使用犹太人，而这些人得到这份工作也就得到了暂时的安全——作为战争产品的生产者而免受屠杀，辛德勒的工厂也就成了犹太人的避难所。

然而，纳粹对犹太人的残酷迫害使辛德勒越来越不满。1943年，纳粹对克拉科夫犹太人的残酷血洗使辛德勒对纳粹的最后一点幻想也破灭了，他清楚纳粹对犹太人的屠杀和奥斯维辛集中营的恐怖。从那时起，辛德勒只有一个想法，即尽可能多地保护犹太人。他制定了一份声称工厂正常运转所“必须”的工人名单，通过贿赂纳粹官员，使他们得以幸存下来。他越来越受到违反种族法的怀疑，但他每次都很机智地躲过了迫害，一如既往地不惜冒着生命危险营救犹太人……

这个角色充分体现了人物形象的立体性和复杂性，有血有肉，有优点也有缺点，这样的人物形象塑造无疑是成功的典范。

3.细节刻画

《美丽人生》由罗伯托·贝尼尼执导，1997年上映并且在两年后的奥斯卡上斩获了三项大奖。影片以一对父子在纳粹集中营里的生活为主线，为我们展示了哪怕生活再不幸，我们也要保持一颗积极乐观的心，这样才能击退阴霾获得新生。

影片最后孩子高声说："我们赢了！"孩子的喜悦来自于父亲兑现了自己的承诺，看到自己期待已久的坦克和自己许久未见的母亲，而母亲的喜悦不仅仅是见到自己儿子的喜悦，还有对丈夫的思念与感激。这份喜悦中，两人均不知圭多的死亡。这种细节的刻画，无疑是点睛之笔。

4.故事叙述

故事指观众看见和听到的所有事件，再加上观众推断或者设想发生过的事件。罗里·约翰斯顿等作家认为，所有的虚构叙述都是建立在几个基本的故事类型基础上的。这些基本故事类型是：阿喀琉斯、康迪德、灰姑娘、喀耳刻、浮士德、俄耳普斯、罗密欧与朱丽叶、特里斯坦以及流浪的犹太人。这些故事类型可以单独出现，也可以结合在一起。

有人认为，有一部电影结合了所有基本故事元素，这部电影就是《卡萨布兰卡》。在该片中，里克是一个在第二次世界大战期间流亡到摩洛哥的酒吧老板——一个玩世不恭、并不完美的英雄（阿喀琉斯）。然后，埃尔莎来到了酒吧——她是里克的旧爱，也是他愤世和空虚的原因。里克曾经深爱埃尔莎，他们一起在巴黎生活，但是后来却失去了她（罗密欧与朱丽叶），虽然他仍然爱着埃尔莎，但是她已经嫁给了另外一个人——维克托·拉兹洛，一位纳粹抵抗组织领袖（特里斯坦）。但是，埃尔莎用她女性的温柔迷惑了里克，让里克违背自己的利益，帮助她丈夫完成自己的事业（喀耳刻）。无法忘记过去的里克（浮士德）承认自己对埃尔莎还有责任，答应帮拉兹洛逃到美国去。他两次输给了拉兹洛——首先是因为他失去了埃尔莎，其次是因为他把自己去美国的签证给了拉兹洛（俄耳普斯）。但是，虽然如此，里克却总是出乎观众意料地出奇制胜（康迪德）：当他为了抵抗纳粹放弃自己的幸福时，他内心的善良终于显现出来（灰姑娘）。里克继续在摩洛哥漂泊——归根结底，他内心还是一个流浪者（流浪的犹太人）。

5.情节设置

影视中所有直接向观众展现的事件，包括因果关系、时间顺序、持续时间、频率和地点，都是情节。

故事和情节之间关键的区别在于：故事是观众对叙述中的事件建立的想象，这些事件可能在电影中出现，也可能不曾出现；而情节则是电影对叙述中的事件的真实表现。

6.结构编排

如果只有故事，而没有把故事加工成一个完整的情节，那么对电影制作来说是没有什么用的。编剧必须决定如何把故事呈现给观众。哪些部分应该直接表现出来，哪些部分留给观众去想象，哪些角色应该是注意和认同的焦点，如何表现因果关系，从什么视角来讲故事，情节应该在什么地方、以什么方式结束。

多年来，好莱坞建立了一系列被广为接受的叙述原则和传统，可以称作“经典好莱坞叙述结构”（Classic Hollywood Narrative Structure，简称CHNS）、“经典好莱坞电影”或者“经典设计”。剧本创作的宗师罗伯特·麦基对这种叙述结构做了最好的总结，他认为这样的故事是“在一段连续的时间内，在一个逻辑和因果关系协调的虚幻世界里，一个主人公积极地对抗外界的主要反对力量来实现自己的愿望，最后得到一个绝对的、无法改变的结局”。

具体而言，CHNS的原则包括：

英雄/主人公。叙述的核心就是主人公，他是发起电影中行动的最重要的角色（也就是说，我们在电影中看到的互为因果的一系列事件，追根溯源是主人公引起的）。

因果关系。电影中的事件是严格遵守因果关系的。电影中的事件不会无缘无故发生，这些事件又成为其他事件发生的原因。即使电影描绘的是一个奇幻世界（例如卡通或者其他特技手段），客观世界的规律仍然适用。巧合以及其他“无缘无故”的事件是很少见的。

全知叙述。虽然电影可能采取某些“视点”，但总体来说叙述的是一种客观效果。这也就是说，虽然故事可能主要从某一两个角色的角度来讲述，但是观众还是会有一个比较广阔的视角，让他们能够更加客观地看待电影中的事件。

动机。电影中出现的一切都是有原因的。出现一个内容可能有下列几个原因：它是情节因果关系的一部分（结构动机）；它让电影看上去更加真实（真实性动机）；它有美学价值（美学动机）。

省略。阿尔弗雷德·希区柯克曾经说，电影就是“剪去了物料片断的生活”。省略正是把“物料片断”（无关的信息或者无趣的内容）删除的过程。电影之所以可以进行省略，是因为只要电影没有表现主角追求某个目的的时候受到挫折，观众都会假定这个目的实现了。只有当目的可能实现不了的时候，这个目的才有趣。

叙述结尾。主要情节和次要情节在电影结束时一般都会圆满结束。这就是说，电影开始时主人公引起的一系列因果关系应该在最后的高潮中收尾。每个角色的命运都明确了，主要的谜团和悬念都解释清楚了。观众离开电影院时的感觉是：①行动以自然、合乎逻辑的方式结束；②没有遗留没解释清楚的“灰色地带”。

（二）欣赏与探究

1.《一袋弹子》

《一袋弹子》（图7-3-1为电影中的画面截图）是2017年上映的一部战争片，改编自法国当代著名作家约瑟夫·若福的自传小说《弹子袋》。讲述的是在被德军占领的法国，莫里斯和乔是一对年轻的犹太兄弟，父亲经营着一家理发店，一家人生活温馨又美满。直到纳粹要求所有犹太人必须在外衣上缝上一个黄色的六角星以示区别，温馨又美满的生活被打破了。由于当时人们对犹太人的偏见，同学对他们的态度开始转变。眼见犹太人的处境越发困窘，父亲命令两兄弟立刻先行前往自由区逃难，一家人约定在尼斯汇合。

图7-3-1 电影《一袋弹子》截图

2.《红海行动》

索马里海域外，中国商船遭遇劫持，部分船员被海盗杀害，其他人沦为俘虏。蛟龙突击队沉着应对，潜入商船进行突袭，成功解救全部人质。狙击手罗星在追击海盗时不幸被击中脊柱神经，其位置由顾顺替代。返航途中，非洲北部伊维亚共和国政局动荡，恐怖组织连同叛军攻入首都，当地华侨面临危险。

图7-3-2 电影《红海行动》截图

海军战舰接到上级命令改变航向，前往执行撤侨任务。蛟龙突击队八人，整装待发。时间紧迫，在“撤侨遇袭可反击，相反则必须避免交火，以免引起外交冲突”的大原则下，海军战舰及蛟龙突击队在恶劣的环境下，停靠海港，成功转移等候在码头的中国侨民，并在激烈的遭遇战之后，营救了被恐怖分子追击的中国领事馆人员。

然而事情尚未完结，就在掩护华侨撤离之际，蛟龙突击队收到中国人质被恐怖分子劫持的消息。众人深感责任重大，义无反顾地再度展开营救行动……（图7-3-2为电影中的画面截图）。

五、任务评价

请在符合自己实际情况的框格内打“✓”，数字越大代表符合程度越高，见表7-3-1。

表7-3-1 任务评价表

评价维度	评价内容	自评等级				
		1	2	3	4	5
理解能力	能通过观看战争片，体会战争带来的痛苦，培养热爱和平的精神与爱国意识					
分析能力	能分析影片中的人物特点					
团队精神	能主动开展团队分工协作，组织协调能力强					

项目八

美育活动策划

【项目介绍】

随着时代的发展，我们需要越来越多的活动来扩大自身影响力和知名度。在日常生活中，人们常见到令人拍案叫绝的文案和精彩非凡的活动策划。作为新时代的中职学生，应该提高综合素质，成为能想、能做的应用型人才。

本项目在进行美育相关知识学习后，主要从文案的创意与写作、活动策划与执行、活动组织策划的实用技巧三个方面的知识介绍，让学生学习如何开展美育相关活动，培养学生的活动组织能力，以便其提升参加工作后的适应能力，充分展示自己的能力。

【项目目标】

一、知识目标

1.了解文案的概念、价值。

2.了解文案写作的创意。

3.了解活动策划的概念、作用和目标。

4.了解文娱活动、体育活动、参观活动等美育相关活动的组织策划流程。

二、技能目标

1.掌握文案写作的基本要求。

2.掌握活动策划中的流程。

3.能够组织一般的文娱活动、体育活动、参观活动、社团活动、班级活动等相关美育活动。

三、情感目标

1.培养融会贯通的能力和独立思考研究的习惯。

2.增强适应社会的自信心。

任务一 了解文案创意与写作

好的文案能够给人留下深刻的印象，与此同时文案对于活动的开展起着决定性的作用。无论是美育活动还是其他活动，文案创意和写作技巧都是一个优秀文案的重要因素，一个好的活动离不开文案工作者的精彩文案。

一、任务描述

精彩的文案能够给我们的工作带来便利，让我们能够从容应对工作中的烦琐任务。下面我们一起来了解文案的基础知识和相关写作要求吧。

二、任务目标

1.了解文案的概念、价值。

2.了解文案写作的基本要求。

3.了解文案写作的创意。

4.学会进行一般文案的写作。

三、任务准备

计算机、网络设备、优秀文案实例。

四、任务学习

（一）感知与体验

1.文案的概念

文案，原指摆放书的桌子，随着时代的演变，泛指在桌上写字的人，现在主要指在企事业单位中从事文字工作的人进行的相关策划。

文案在实际的应用中，与活动策划存在一定的区别。文案更侧重于文字本身的意思，而活动策划侧重于活动本身的内容。

2.文案的价值

精彩的文案，常常是取得最后成功的关键，能让其从众多的美育活动中脱颖而出。可以说，文案是竞争的利器，更是活动的核心和灵魂所在。

3.文案的基本要求

优秀的文案应该具备强烈的感染力，能让相关的美育活动更有吸引力。从文案写作的角度出发，文案应该具备以下几个方面的要求：

(1) 准确规范的主题。

准确和规范是对文案写作的基本要求。在写作文案的过程中，要求表达规范完整，尽量避免语法错误和表达残缺；避免使用会产生歧义的词语，文案中所使用的文字应该准确无误；文字表达要符合大众的语言习惯，尽量少用冷僻的词语。

(2) 突出的主题创意。

创意对于文案写作很重要，它应该为文案的主题服务，必须与主题有直接关系，千万不要生搬硬套，牵强附会。附有主题创意的文案，应该词语优美、内容流畅、方便传播、易于识别、重点突出、易于记忆。

(3) 定位精准的内容。

定位精准同样属于文案的基本要求之一，每一份成功的文案都应该具备这一点。内容定位精准就是能用简单明了的文字表达文案的精髓，吸引受众的注意，方便受众快速记住相关内容。

(4) 生动形象的表现。

每一份优秀的文案都需要作者在最初的白纸上不断添加内容，直至最终成文。生动形象的文案就像一幅图片，内容能更容易被接受，意思能更清晰地表达，可以吸引受众的注意力，激发受众的兴趣。

(二)实践与技巧

1.文案创意的来源

只有深厚的积累，才能有好的创意出现，因此创意从来都不是一蹴而就，寻找创意也不能急于求成。好的创意能经受时间的考验，它来源于调研，也来源于思考，更来源于观察。如图8-1-1所示。

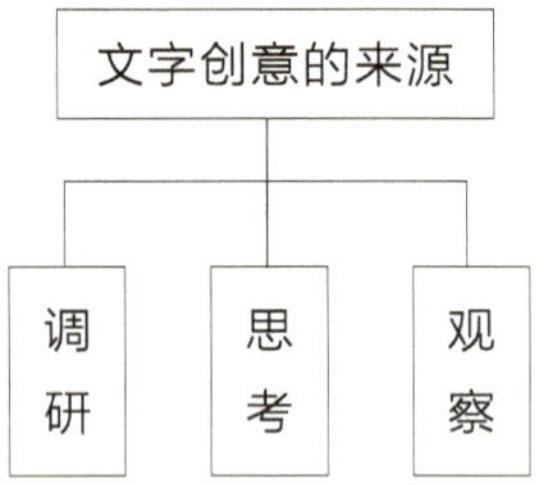

图8-1-1 文案创意的来源

2.文案写作的方法

（1）富有吸引力的文案标题。

文案标题是一个让人认识文案的窗口。只有标题能够引起受众的兴趣，才会让他们接下来仔细地查看文案的内容，进而关注其对应的美育活动。文案标题具有吸引注意力、筛选受众、有效传递信息引导受众阅读正文的作用。

以下介绍几种经典的文案标题写作方法：

①如何型标题。

如何型文案标题可以算是最常见的文案标题类型。无论时代怎样变化，人们关注信息的出发点还是了解信息、获取知识、消遣时间。他们对于具有实用价值的标题有非常强烈的点击（阅读）冲动。“如何顺利提高绘画水平”这类具有强烈干货性质的标题，很容易得到受众者的青睐。

②盘点型标题。

盘点型标题又称为合集型标题，它的好处是归纳总结性强，比如“写好硬笔书法的几种方法”“晨跑的好处”等，既满足了受众想节约时间的要求，又满足了他们想多获取信息的心理，同时，读者看过标题就能对文案的内容有一个大致的了解。

③带负面（警示）词语的标题。

人们往往对负面（警示）词语比较敏感，如错误、警告、千万等。只要看到这些词语，人们的注意力不自觉地会多停留几秒钟，而这几秒钟就能增加40%的被关注的机会。比如“警惕！网络诈骗的伪装外衣”，这种标题的写法就比“注意防范网络诈骗”更能吸引读者的注意。

④加一些吸引眼球的词语。

在标题里面加入吸引眼球的词语可以让该标题更加独特醒目，提升读者的情感强度。比如淘宝的文案标题“火拼双十一，购物狂欢节”，在标题中用到了“火拼”“狂欢节”这些吸引眼球的词语，很容易引起读者的点击（阅读）欲望。

（2）逻辑清晰的文案内容。

优秀的文案内容，第一要素并不是优美的文笔或是华丽的辞藻，而是要厘清文案的整体逻辑顺序。一份逻辑不通、前后矛盾的文案，即使文采斐然也很难有打动人心的力量。

厘清逻辑顺序的主要方法是归纳法和演绎法。

归纳法是指同时并列几种不同的实事，再通过这些实事找到共同点，进而得到结论的方法。

演绎法是将一个实事与其相对应的某个规律进行组合论证，最终得出结论。这种方法比归纳法更加烦琐，因此常出现在纯文字性的文案中。

(3) 文案写作的常见方法。

对于文案写作而言，常见的写作方法分为强迫思考法、延伸特点法、“倒三角”写作法。

强迫思考法，主要针对文案前期的写作，用于构建文案整体思路的基本结构进而产生创意，以便组织要点、完成文案。

延伸特点法，主要在事物原有特点的基础上进行思考延伸，进一步挖掘事物特点的潜在内容，这也需要以原有特点为出发点。

“倒三角”写作法，是将文案的内容分为3个部分逐步完成，以达到说明事物特点的方法。

五、任务评价

请在符合自己实际情况的框格内打“✓”，数字越大代表符合程度越高，见表8-1-1。

表8-1-1 任务评价表

评价维度	评价内容	自评等级				
		1	2	3	4	5
学习主动性	能主动地学习文案创意与写作的知识					
学习理解能力	能完全理解文案写作的基本要求					
书面表达能力	能写出简单的美育活动文案					
创新能力	能收集和整理相关信息，让文案内容更具有吸引力					
团队协作能力	能在进行美育活动的文案写作过程中集思广益，开展团队分工协作					

任务二 了解活动策划与执行

在开展各类美育活动时，活动策划是一个绕不开的话题，一个合适的活动策划能够促进美育活动的有效开展，增进活动方与受众之间的情感交流。

一、任务描述

再好的活动文案设计，如果没有好的策划与执行，也不会有好的效果。既然活动策划与执行如此重要，那就让我们一起来了解活动策划的基础知识，了解在活动策划和美育活动进行时的相关工作吧。

二、任务目标

1.了解活动策划的概念、作用和目标。

2.了解活动策划的流程。

3.了解在美育活动进行过程中需要注意的问题。

三、任务准备

计算机、网络设备、优秀的活动策划案例。

四、任务学习

（一）感知与体验

1.活动策划的概念

活动策划是为了提高占有率而进行的有效行为，是一种活动策划案。它隶属于文案，但与文案又有一定的区别，具体表现为：文案仅仅是文字表达，而活动策划是一种为了活动而进行的文字策划案。它除了要考虑文字表现外，还要根据实际情况进行兑现和实际操作。

在校学生接触的最多的活动策划是娱乐类、政治类的美育活动策划，这是根据文件指示或人为安排而进行的策划，如团组织生活晚会、联谊舞会、才艺展示等。这类活动一般是响应国家各级教育行政部门和学校的各类文件号召，或是增强人们之间的感情联络。活动形式也比较丰富，比如唱歌、跳舞、诗歌朗诵、知识竞赛、趣味游戏等。

2.活动策划的作用

当下，活动策划越来越受到人们的重视，特别是在美育活动中，一个好的活动策划往往会事半功倍。

活动策划能够吸引群众的目光，吸引受众积极主动地参与到活动中，更容易达到活动方的目的。活动策划能够积极地宣传品牌形象，当受众在参与活动时，就会潜移默化地对活动中出现的因素产生自主认识，从而产生认同感。活动策划能够培养活动方与受众之间的感情，建立活动方与受众稳定的连接，得到受众的信任和支持。

3.活动策划的目标

每举办一次活动，都必须要有明确的活动目标。就像一条行驶在茫茫大海上的船只，必须要找到明确的方向才能不迷失在浩瀚的大海上。因此，活动策划需要制订活动预期，最大限度地吸引受众参加，竭尽所能地完成活动的各种目标，并传达出活动背后所隐含的深远含义。

(二)实践与技巧

1.活动策划的流程

在活动开始前进行策划，是为了让活动变得更加有意义，更好地达到活动的目的。对于美育活动这种针对性较强的活动，在活动策划前更应该了解活动策划的流程。

(1) 明确活动举办的根本目标。

活动策划前首先要明确活动的根本目标，清楚构思具体活动的步骤。根据活动根本目标的不同，活动的策划方式也有所区别。

(2) 构思活动策划的总体方案。

在进行活动策划之前，应该事先制订简单的美育活动总体方案，在这个方案中，要明确本次美育活动的主题，初步确定活动的时间和地点，明确活动的对象，安排大致的活动流程等。

(3) 估算活动整体的具体经费。

在进行活动策划时，要将活动的经费去向罗列清楚，这样才能控制好活动经费的支出。活动策划者要根美育活动的类型、活动项目、经费来源来制作真实、合理、详细的活动整体预算。

(4) 确保活动内容的可执行性。

活动策划者在构思完初步的策划方案后，还需要分析初步方案的可行性，包括经费预算、现场情况、参加人员和法律法规等因素。

(5) 制订活动的详细工作安排。

制订活动的工作安排是活动策划必不可少的环节，在美育活动工作安排时，一定要注意选择合适的部门、合适的人员以及具体的完成时间。在制订美育活动工作安排时，要考虑前期的准备工作和活动当天的工作安排。

(6) 确定活动具体的必要流程。

活动的具体流程是活动策划的重点，活动策划者需要将美育活动当天的流程安排到位，并一一列举出来，让参加活动的领导嘉宾、工作人员清楚活动大概的整体流程。

(7) 制订活动备用方案。

活动策划时，还需要制订一份美育活动备用的紧急方案，以应对天气、人员等突发状况带来的难题。备用方案一般与活动方案大致相同，只是为了一些不可控的因素而制订的方案。比如在总体方案中，活动场地在室外，如果活动当天下雨时，备用方案可将活动地点改在室内。

(8) 获得活动效果的评价。

美育活动结束后，可以制订一份评估调查问卷，向工作人员和受众发放，了解他们对活动的满意度，以便为今后的活动策划提供思路。活动策划者可以对美育活动前的准备工作、整体过程、整体花费和整体效果这几个方面进行评估。

2.活动进行时的注意事项

美育活动在进行时，活动策划者也应该将工作贯穿整个活动始终，对美育活动现场进行把控。

(1) 确认活动流程表。

活动流程表在活动策划筹备时已经完成，但是在进行活动时还需要进行再次确认，以保证工作人员都了解活动流程，明白自己的分工。

(2) 引导现场秩序。

对于大型活动，参与者比较多，在活动进行时，需要活动策划者将人员的引导分流问题考虑好、解决好。可以在美育活动现场的主要通道放置宣传标语和引导牌，引导活动参与者。

(3) 确保工作人员沟通畅通。

工作人员在美育活动中的沟通十分关键，他们之间有良好的沟通和配合，才能使美育活动取得成功。特别是越大型的美育活动，工作人员越多，如果不能很好地进行沟通交流，就会影响美育活动的正常进行。

(4) 防范活动现场失序。

活动现场失序是十分严重的问题，它会导致美育活动无法正常进行，还会造成十分不良的舆论影响。因此，在美育活动进行时，活动策划者要严加防范活动失序这一问题，全面监控活动现场，及时排除影响活动顺利进行的因素，安排人员定时巡逻、检查设施，做好安保工作，确保活动现场的安全。

(5) 控制好活动节奏。

活动的节奏会直接影响活动的效果，因此，活动策划者一定要控制好活动节奏。活动节奏太快，参与者跟不上；活动节奏太慢，参与者会不耐烦，甚至离开活动现场。活动策划者在控制活动节奏时，可以从氛围节奏、时间节奏和流程节奏这三个方面进行把控。

(6) 做好清场收尾工作。

清场收尾工作分为清场工作和收尾工作。

清场工作是指疏散和清退在活动现场的参与者和工作人员，其内容包括安排相关人员有序离场，安排设施设备撤离，进行清点并入库等。

收尾工作是对美育活动费用进行核对结算和对美育活动进行总结。核算美育活动经费时，要保留好票据，费用也需要确认签字，并进行预算复核。美育活动工作总结必须要客观严谨，既不忽略活动策划中的优点，也不忽视活动中的不足，这些都是宝贵的活动经验。

五、任务评价

请在符合自己实际情况的框格内打“√”，数字越大代表符合程度越高，见表8-2-1。

表8-2-1 任务评价表

评价维度	评价内容	自评等级				
		1	2	3	4	5
学习主动性	能主动地学习组织策划的实用技巧					
学习理解能力	能完全理解美育活动中活动策划的流程					
书面表达能力	能制订基本的美育活动策划方案					
创新能力	能根据美育活动的类型和需求，制订出科学、有效又有创意的活动策划					
团队协作能力	能在进行活动策划时，开展团队分工协作，组织协调能力强					

任务三 了解美育活动组织策划的实用技巧

美育活动并非千篇一律，不同的美育活动，组织策划的方法和技巧也各不相同。我们要组织策划出符合要求的美育活动，就需要根据美育活动类型的变化而进行合理的组织和策划。

一、任务描述

要想美育活动组织策划取得较好效果，一些实用技巧必不可少。让我们从了解常见美育活动的基础知识，学会常见美育活动的组织、策划流程开始学习相关的实用技巧吧。

二、任务目标

1.了解并掌握文娱活动、体育活动、参观活动、新媒体活动等美育活动的相关知识。

2.了解文娱活动、体育活动、参观活动、新媒体活动的组织策划流程。

3.能够组织一般的文娱活动、体育活动、参观活动、新媒体活动等相关美育活动。

三、任务准备

计算机、网络设备、优秀案例。

四、任务学习

(一) 感知与体验

1.文娱活动

(1) 文娱活动的概念。

文娱活动是指唱歌、跳舞、观看电影、观看文艺表演等娱乐活动。文娱活动是直接满足美育和文化需求的重要活动形式之一，也是美育活动的重要表现形式。

(2) 文娱活动的分类。

①文化艺术展示类活动。

依个人理解，文化艺术展示类活动有文艺演出展示类活动、流动类节目、晚会类节目几种。其中，文艺演出展示类活动包括展示类节目、汇报演示型节目、宣传展示型节目、介绍展示型节目。图8-3-1为某中职学校举办的社团展示周活动。

图8-3-1 社团展示周活动

流动类节目是文化艺术展示类活动中必不可少的类型，能达到情感交流和宣传效果。它的节目选择和编排要根据服务对象的具体情况而定，可以分为慰问型文艺演出、走访型文艺演出、街头型文艺演出。

图8-3-2 迎新文艺会演

晚会类节目大致分为单项晚会节目、专题晚会节目、综合晚会节目三类。单项晚会节目在文艺演出中，其表现形式相同，比如舞蹈专场演出、交响音乐会等。专题晚会节目是围绕某一个共同的主题举办的文艺晚会，其表演的节目不论形式如何都必须紧扣主题。综合晚会节目是一种综合性很强的文艺演出形式，这类晚会的主题内涵比较广泛，对节目没有特定的主题要求，节目形式丰富多彩，能满足不同观众的文化需求，比如春节晚会等。图8-3-2为某中职学校举办的迎新文艺会演。

②文娱竞赛类活动。

文娱竞赛类活动按照竞赛目的，可以分为文艺展示类和文艺竞技类。文艺展示类，如文艺会演等带有竞赛性质，但参演单位和个人的主要目的并不是比赛名次，而是展示表演者的水平和风采。文艺竞技类，如各类文艺大赛等，它的目的是评选出名次，并以名次证明参演者或参赛作品的实际水平。图8-3-3、图8-3-4分别为某中职学校举办的礼仪展示大赛和学校歌手大赛。

图8-3-3 礼仪展示大赛

文娱竞赛类活动按照竞赛方式来分类，可以分为一次性竞赛和周期性竞赛。一次性竞赛是为了满足某一种特定的文化需求或配合某种部署而组织的一次性文艺比赛。周期性竞赛则是将某种赛事作为固定项目确定下来定期举办的活动，比如学校每年一届的青年歌手大奖赛等。

图8-3-4 学校歌手大赛

文娱竞赛类活动按照竞赛内容进行划分，可以分为单项技术类竞赛、多项艺术类竞赛和综合艺术类竞赛。单项技术类竞赛是以单一艺术门类、个人或作品为内容的艺术比赛。多项艺术类竞赛是将多种艺术门类安排在同一项活动中，再根据各自的门类评选出相关的奖项。综合艺术类竞赛是在同一门类的艺术比赛中，评选出多个不同的奖项，如歌唱比赛中评选出最佳台风奖、最受欢迎奖、最佳组织奖等。

2.体育活动

(1) 体育活动的概念。

体育活动是人们基于相应的体育设施和卫生设施，根据身体需要以及兴趣爱好进行自我选择，运用各种体育手段进行自我锻炼或者竞技的一种活动，是美育活动的另外一种形式。

(2) 体育活动的分类。

①大众体育。

大众体育，是指普通民众自愿参加的，以强身、健体、娱乐、休闲、社交等为目的，一般不追求达到高水平的运动成绩。大众体育主要包括体育课、课间操、早操、体育社团等。

体育课是体育教学的基本形式，能让学生掌握体育与保健的基础知识。

课间操和早操是学生增强身体素质的大众性体育活动，能激发同学们参加体育活动的积极性，能使学生调节学习压力，丰富校园文化生活，展示学生青春之美。

体育社团是学生自愿组成，自主管理，按照社团章程和体育活动目的成立的非营利性组织。

②娱乐体育。

娱乐体育是以休闲、娱乐、发展兴趣爱好、培养审美能力为主要任务，以个人爱好为前提，以消遣、娱乐为目的的体育活动。娱乐体育的内容丰富、形式多样。可以自娱自乐进行体育锻炼，也可以集体有组织地进行，如趣味运动会等。

体育锻炼是利用空余时间，根据自己的爱好，以锻炼身体、愉悦身心为目的的体育活动，是创造美的过程。体育锻炼与体育课、各类体育比赛相比，更加自由放松，没有严格的项目约束，更没有紧张的成绩要求。

图8-3-5 趣味运动会

趣味运动会（图8-3-5）是娱乐体育中比较常见的形式，也可以称为群众运动会。它是运动会的延伸，是一种适合所有人群参加的全民运动，是一种技术要求较低，竞技要求不高，还可以锻炼身体的体育运动。趣味运动会应用各种新颖的道具，令参与者耳目一新。由于趣味运动会的项目大多和游戏相结合，因此简单易懂，趣味性高，群众的参与度高。

③竞技体育。

竞技体育是指在全面发展身体，最大限度地挖掘和发挥人或群体在体力、心

图8-3-6 学生田径运动会

理、智力等方面的潜力的基础上，以攀登运动技术高峰和创造优异运动成绩为主要目的的一种运动活动过程。对职业学校而言，竞技体育主要有运动队训练、运动会和专项体育竞赛等。

运动队是各自学校经过选拔选出的，能够代表各自学校运动水平的运动队伍，运动队的训练工作是体育工作的重要组成部分。一支高技能的运动队，可以为所在学校赢得荣誉，也可以在社会上产生良好的效应，更可以成为对外宣传、展示实力的一个窗口，是展示校园美的一种途径。

运动会是职业学校体育运动竞赛最重要的形式，是展示校园美的重要途径，一般分为春季田径运动会和秋季田经运动会。如图8-3-6所示。运动会可以检验职业学校田径运动的开展情况、体育教学和训练成果，推动职业学校群众性体育活动的开展，促进各项运动项目的技术水平，提升参与班级的集体荣誉感，也可以振奋师生的精神，丰富职业学校的课余生活，促进学生全面发展。

专项体育竞赛是锻炼学生身体、维系同学友情的重要活动形式，具有自身独特的魅力，比如班级篮球赛、专业（系）足球赛等活动。

3.参观活动

（1）参观活动的概念。

参观活动原指对现场实地观看，对各种情况加以比较、观察，后来慢慢演变为实地考察、观看、学习的意思，也是美育活动中让学生发现美的过程。

（2）参观活动的类型。

参观活动根据活动的目的和作用，可以分为生产参观、教育参观、休闲参观、警示参观、公益参观等。

4.新媒体活动

新媒体是利用数字技术，通过计算机网络、无线通信网、卫星等渠道，以及电脑、手机、数字电视机等终端，向用户提供信息和服务的传播形式，包括所有数字信息化的媒体形式。

图8-3-7 微信公众号投票活动

新媒体活动就是在新媒体平台上进行的活动，是一种新的美育活动形式。新媒体的主要形式包括网络媒体，比如各类门户网站；手机媒体，比如通过移动互联网传播信息的社交应用；数字电视，各类视频直播等。图8-3-7为某学校举办的微信公众号投票活动。

（二）实践与技巧

1.文娱活动的组织实施

文娱活动的组织实施是策划阶段的延续，在活动开展过程中要按步骤将活动内容落到实处。

建立活动组织实施机构。

分析活动策划方案。将活动策划方案中设定的各个部分进行分析、整理，为将设计构思转化为实际工作任务做好准备。

确定活动任务内容。活动组织者将策划方案所涉及的内容进行划分，完成向事实任务的转变。这是活动组织实施的关键环节。

分解活动任务、落实责任人。根据美育活动的实际工作要求，明确各项任务所需要的人员，并对位分配，职责分工，落实到个人。

制订活动保障措施。在各岗位进行工作时，建立良性的协同十分重要。应根据各实施部门和岗位的实际状况，制订一系列的保障性措施，确保各岗位能够顺利操作。

实施前的项目检查。在举办文娱活动前，都会经过较长时间的准备阶段，在这个时期，活动的组织方应对各部门的准备工作进行综合性的验收工作。

实施活动内容。各部门按照活动实施方案协同有序地开展工作，组织方要做好调整和协调。

检查活动效果。组织方在活动实施结束后，要进行检查工作。检查活动实施方案的完成情况、各部门的运作效率和协同效果、活动安全预案的执行情况、活动的后勤保障效果以及观众的满意度等。

2.体育活动的策划和组织

体育活动是丰富校园文化生活的重要活动，是美育活动的另外一种形式，策划和组织好体育活动具有重要意义。

(1) 体育活动的策划。

体育活动是提高学生运动水平的有力措施，是丰富校园文化生活的重要环节，也是展示学校师生良好精神风貌和青春之美的窗口，对群众性体育活动的开展具有推动作用。策划组织好体育活动意义重大。

①体育活动方案的策划。

在策划体育活动方案时，每一个环节都要考虑周到，准备充分，以保证达到增强学生体质和提高学生健康水平的目的。在进行策划时，大致包括工作方案、经费、设施、竞赛项目等方面的策划。

②体育活动的主题策划。

在策划体育活动的主题时，一定要紧扣学校的要求和国家的大政方针，并具有强烈的时代感。

③体育活动组织机构的策划。

体育活动在开展过程中涉及多部门的共同协作。以一个学校来说，体育活动就会涉及教学、学生管理、后勤、保卫和宣传等相关职能部门的合作，因此，体育活动的机构就要包括这几个方面的职能部门。一般在设置组织机构时，以所在学校对口职能部门的成员为主，通过大家的相互协调和配合，保证体育活动的顺利开展。

(2) 体育活动的筹备组织。

在筹备体育活动时，要制订工作流程，制订运动规程。在制订时，内容应该全面详尽、条理清楚、措辞严谨，并将主办方、承办方、比赛项目、参赛资格、参加方法、名次计算方法、注意事项等方面介绍清楚。

在组织工作时，除了多部门及时沟通协调以外，更应该重视裁判员队伍的组织，开展裁判员学习、裁判实践，以保证裁判员这一组织机构工作严密、管理严格、专业性强。

(3) 体育活动开幕式、闭幕式的组织。

体育活动的开幕式和闭幕式不仅是运动会仪式，也是体育教育、素质教育一体化的综合性教育活动，它们都应该具有规范性、重视性、参与性、多样性、竞争性。

体育活动开幕式的准备工作应包括领导嘉宾的邀请、开幕式会场的布置、开幕式入场式（图8-3-8）的准备以及领导来宾的接待等工作。一般遵循以下流程：宣布开幕式开始；介绍各方阵和运动员、裁判员队伍入场；升国旗、奏唱国歌；介绍出席活动的领导和嘉宾；领导致开幕词；运动员、裁判员宣誓；团体操表演；比赛开始等。

图8-3-8 运动会入场式

体育活动闭幕式主席台的布置与开幕式相同，同时要提前收集好各类比赛成绩，准备好各类奖牌、奖状、奖杯，邀请领导致闭幕词。闭幕式一般有几项内容：宣布闭幕式开始；介绍出席活动的领导和嘉宾；总裁判长宣布团体成绩；宣布其他精神文明奖、优秀组织奖等奖项的评选结果；颁奖；领导致闭幕词；宣布闭幕。

3.参观活动的策划与组织

(1) 参观活动的组织要素。

在组织参观活动时，应该包括主办单位、参加主体、参观主题、参观场所、参观路线、后勤保障等几个方面。

主办单位就是活动的发起方。参加主体是指主办单位邀请参加参观活动的单位或者个人。参观主题是参观活动的目的，这也是吸引参加主体兴趣的核心部分。参观场所是指参观活动的实施场地。参观路线是指对参观过程中各个参观场地在时间和空间上的安排。后勤保障主要是对参观活动在物质、经费等方面的保证。

(2) 参观活动策划流程。

在策划参观活动时，首先要对活动进行定位，最好能对开展活动的目的进行简要说明。

然后，应该确定参观活动的形式。一般参观可以通过会议介绍、座谈交流、现场参观、走访交流等形式对参观对象进行了解，以达到参观的学习目的。

最后，要确定参观活动的主题，这也是对参观活动的最高概括，是揭示活动价值的最高总结。参观活动的主题一般是根据参观活动的类型来确定的。

4.新媒体活动的策划

新媒体活动是美育活动的新形式，有很多类型，其中最有影响力的新媒体平台有微博、微信等。

(1) 微博活动。

微博活动常见的有问答互动型、话题讨论型、趣味游戏型、表决型、惊奇型、悬念猜测型、需求型、推动型，这些活动类型都可以运用到学校美育活动中。这里主要介绍前面四种。

问答互动型是微博平台早期常被使用的一种活动形式，通常是活动发起者准备好发起问题和备选答案，然后通过微博发布问题，参与的微博用户在评论里选择答案并转发。

话题讨论型，发起话题并配合一些利益的推动，激发微博用户的参与和分享。形式简单、可参与性强、形式开放是话题讨论型活动的主要特点。

趣味游戏型以游戏作为和参与受众互动的形式，以娱乐精神作为活动的主题指导，可以利用网络流行热点和微博更新的应用功能来进行活动。趣味游戏型活动是比较受微博用户欢迎的活动形式。

表决型是通过微博消息发送栏的功能就可以开展的活动，通常以投票的形式出现。微博投票活动的参与门槛较低，观点比较鲜明，易于传播，受到广大群众的喜爱。

(2) 微信活动。

微信活动是利用微信平台开展的活动，其中常见的是微信朋友圈和微信公众号的活动。

微信朋友圈活动是微信朋友所感兴趣的，可以让微信朋友以互动的形式参加活动。在进行微信朋友圈活动前，如果经过一段时间的调查，可以达到更好的效果。

微信公众号是现在互联网中的大型社交媒体平台，其功能强大，可以实现多媒体互动，又可以一对多传播信息。微信公众号可以分为服务号、订阅号和企业号等。微信公众号活动可以分为投票活动、产品分享、优惠活动、集赞活动、转发活动、扫码活动等。微信公众号上的活动应该尽量让微信用户感兴趣，将“亮点”融入活动，从借势热点、赋予意义、提供福利等方面出发。

5.其他活动的策划

(1) 社团活动的策划。

社团活动的策划要有亮点，需要策划出对社团成员、对学习有意义的活动。在进行活动策划时，要注意活动内容是成员们所喜欢的、对成员有帮助的，最好成员能参与到活动策划中，与此同时，社团活动要有利于营造良好的学习风气，展示学生的风采。

(2) 班级活动的策划。

班级活动是学生在学习之余释放压力的契机。班级活动是进一步认识同学，与老师进行交流的一个桥梁，是学生在学校中最为常见的美育活动类型。在策划班级活动时，一定要大部分同学满意，需要具有新鲜感，最好开展大家平常不进行的活动；需要有趣味性，能让大家一起玩；需要公平。

五、任务评价

请在符合自己实际情况的框格内打“√”，数字越大代表符合程度越高，见表8-3-1。

表8-3-1 任务评价表

评价维度	评价内容	自评等级				
		1	2	3	4	5
学习主动性	能主动地学习组织策划的实用技巧					
学习理解能力	能完全理解不同活动类型的实施技巧					
创新能力	能根据各类活动的实施技巧，开展对应的美育活动					
团队协作能力	能在美育活动实施过程中团结协作					

参考文献

[1]苏航.文案创作与活动策划从入门到精通[M].北京：人民邮电出版社，2018.

[2]张宇微，等.从零开始玩转活动策划[M].北京：电子工业出版社，2018.

[3]叶龙.活动策划与执行大全：文案创意+执行步骤+技巧案例（新媒体版）[M].北京：清华大学出版社，2018.

[4]赵中利，杜永明.大学生活动组织能力训练[M].北京：北京师范大学出版社，2016.

[5]隆荫培，徐尔充，欧建平.舞蹈知识手册[M].上海：上海音乐出版社，1999.

[6]刘恩伯，张世令，何健安.汉族民间舞蹈介绍[M].北京：人民音乐出版社，1981.

[7]吴晓邦.我的舞蹈艺术生涯[M].北京：中国戏剧出版社，1982.

[8]李家华，黄天贵.思想道德修养[M].2版.北京：中国人民大学出版社，2012.

[9]李巧伶.中职生钢笔楷书教程[M].上海：上海交通大学出版社，2015.

[10]刘守昌.书法[M].北京：北京理工大学出版社，2011.

[11]田自秉.中国工艺美术史[M].上海：知识出版社，1985.

[12][美]Barbara London，Jim Stone，John Upton.美国摄影教程[M].陈欣钢，译.11版.北京：人民邮电出版社，2015.

[13]李晖.音乐鉴赏[M].郑州：郑州大学出版社，2018.

[14]周世斌.音乐欣赏[M].重庆：西南师范大学出版社，2010.

[15]洪再新.中国美术史[M].杭州：中国美术学院出版社，2000.

[16]《中国绘画史图鉴》编委会.中国绘画史图鉴（缩印本）[M].杭州：浙江人民美术出版社，2014.

[17]欧阳英，潘耀昌.外国美术史[M].杭州：中国美术学院出版社，1997.

[18]中国美术家协会版画艺术委员会.中国版画[M].广州：岭南美术出版社，2013.

[19]李允经.中国现代版画史:1930—2000[M].长沙：湖南美术出版社，2018.

[20]杨建飞.经典色彩头像[M].北京：中国书店，2017.